ある秋の日、山形駅でスタンバイするアテンダントの茂木久美子さん
（撮影：宮地　工）

アテンダントの乗車口は11号車。重いワゴンを押して山形駅のホーム全体を歩く（撮影：宮地　工）

E311-2002
Suica使えます

予備のコーヒーポットや氷などは、台車に載せて男性社員が運んでくれる
（撮影：宮地　工）

乗務終了後も、事務所で日報入力などの事務をこなす茂木さん
（撮影：宮地　工）

「つばさ」アテンダント驚きの車販テク

3秒で売る山形新幹線の女子力

松尾裕美
Matsuo Hiromi

交通新聞社新書 012

いだけじゃない。これはただものじゃない。といって、”バリバリのスゴ腕“というのでもない。どちらかといえば、初めて会ったのになんだか昔から知っている人かも……と錯覚が起きてしまうような、”親しみ“の気配だ。

山形駅に着くと、茂木さんはアテンダントの制服をさっとエプロンに着替え、売店に入ると笑顔でそばを茹で始めた。こりゃまたびっくり。

そのまま駅構内にあるNRE山形営業支店を訪ね、支店長の山川和子さんと話すうち、なるほど！　と膝を打った。

初めてお会いするのに、そんな気がしないのである。まるで昨日の話の続きのようにいきなり受け入れられていて、会話のノリがいい。それでいて上滑りでなく実がある。私、この事務所でずっと働いてきたのじゃないかという気がしてきたほどだ。

また、山形営業支店には、マスコミに取り上げられないだけで、茂木さんと同じ”親しみ“の気配を朗らかにまとった地元山形県出身のアテンダントが、実はおおぜいいたのにも驚いた。EQ（感情知能指数）がとても高い娘たちである。

この支店長がいて、山形営業支店があり、カリスマ販売員茂木久美子が生まれた。鍵は山形営業支店にあり！　なのだ。

さらに話を聞いていくうちに、乗客の多くを占める山形県民の気質も、「つばさ」が恒常的に示す売上げの高さの大きな要因であることもわかってきた。

山形県人というと思い浮かぶのが、上杉鷹山やおしん。倹約を旨とし、苦労をいとわぬ誠実な働き者のイメージだ。ところが毎年9月に行なわれるあの「日本一の芋煮会フェスティバル」の、わけがわからないほどの大盤振る舞いぶりはどうだろう。なにせ鍋は直径6メートル、サトイモ3トン、牛肉1・2トン、コンニャク3500枚、長ネギ3500本。味つけの醤油7000リットル、隠し味に日本酒50升、砂糖200キロ。で、3万食分である。使うときはババーンと弾けてドーンと使う。新幹線で旅に出るときも、パッと弾けてドンと使う傾向がある。見ている県民以外も、つられるというわけだ。

また、車内販売に携わってこられたいろいろな世代の方のお話を伺うにつれ、車内販売の歴史が、戦後の昭和史にぴったり重なってきたのも、思わぬ驚きだった。

という具合に、思いつくまま進んでしまったので、本書の内容は、実はちょっと散らかっている。「バカ売れ販売の秘訣」の経済書でもなければ、「アテンダントのお仕事紹介」にしてはNRE限定だし、なによりケーススタディが少なすぎる。といってもちろん「山形県民気質解説」といえるほどフィールドワークをしていないし、「車内販売の歴史」というには穴だらけだ。いうならば東北方面の鉄道と一緒に仕事をしてきた車内販売員、また彼女たちを支えてきた方々との、楽しかったおしゃべりの記録といったところだろうか。まとまりはないけれど、ふだんはあまり聞くことができない人たちの会話に聞き耳をたてるぐらいの気分で読み進んでいただければ……。

それでは、ワゴンを押したマドンナたちをご紹介します。

「つばさ」アテンダント驚きの車販テク——目次

第3章　昭和の車内販売を語る

本文写真撮影：宮地　工（特記のないものすべて）

第1章　カリスマ・アテンダント
茂木久美子さんに聞く

茂木久美子さんの一日に密着

「お弁当にお茶、冷たいお飲み物はいかがですか」

新幹線や特急列車などの車内で、こんなことばをかけながらワゴンとともに現れる車内販売。出張、観光、帰省の折、誰もが一度はお世話になったことがあるのではないだろうか。

JR東日本管内の東北・秋田・山形・上越・長野新幹線、あるいは「スーパービュー踊り子」など特急列車でのワゴン販売や車内サービスは、(株)日本レストランエンタプライズ(以下NRE)が行なっていて、サービスを担当するクルーを「アテンダント」と呼ぶ。

NREのアテンダント総数は、およそ1300人。なかでもトップクラスの売上げを誇るのが、山形新幹線「つばさ」の茂木久美子さんだ。通常、一日の売上げは8~10万円だが、茂木さんはその倍以上。最高記録では40万円に近かったこともあり、これは24時間営業のコンビニエンスストア一店の平均的な売上げに匹敵するという。ただしコンビニの客はあらかじめ「買う」ためにやってくる人たちなのだから、買うために乗っているのではない乗客を相手にしてのこの数字は、驚異的としかいいようがない。

いったいどうしてそんなに売れるのだろう。まずは茂木久美子さんのある一日に密着させていただいた。

10時　出社

事務所着。茂木さんが所属するのは、NRE山形営業支店で、事務所は山形新幹線のホームの外れにある。山形駅の橋上コンコースの下に建てられた簡素なプレハブで、「支店」というよりは「倉庫」。実際、ここは支店の事務所であると同時に、倉庫でもあり、スタッフの休憩室や更衣室でもある。

この日の茂木さんの予定は、11時56分山形駅発「つばさ109号」で終着の新庄駅に向かい、小休止したあと、15時27分新庄駅発「つばさ124号」に乗務し、19時04分東京駅着。すぐ19時20分発「つばさ129号」で折り返し、22時01分山形駅着。合計7時間30分に及ぶ肉体労働で、かなりハードなスケジュールだ。週に1度はこの倍の1日2往復、通称〝ダブル〟もあるそうだ。

乗務する列車はこのように1日（泊まりの場合は2日間）のユニットにしてあり、コース番号で表示される。定期行路のほか、臨時列車が運転される日には行路の変更もあるし、アテンダントそれぞれの希望もあるので、毎月のシフトを完成させるのは、けっこう複雑そうだ。

出社して最初にするのは、カーテンで仕切られたロッカールームでの身支度だ。食品を扱う仕

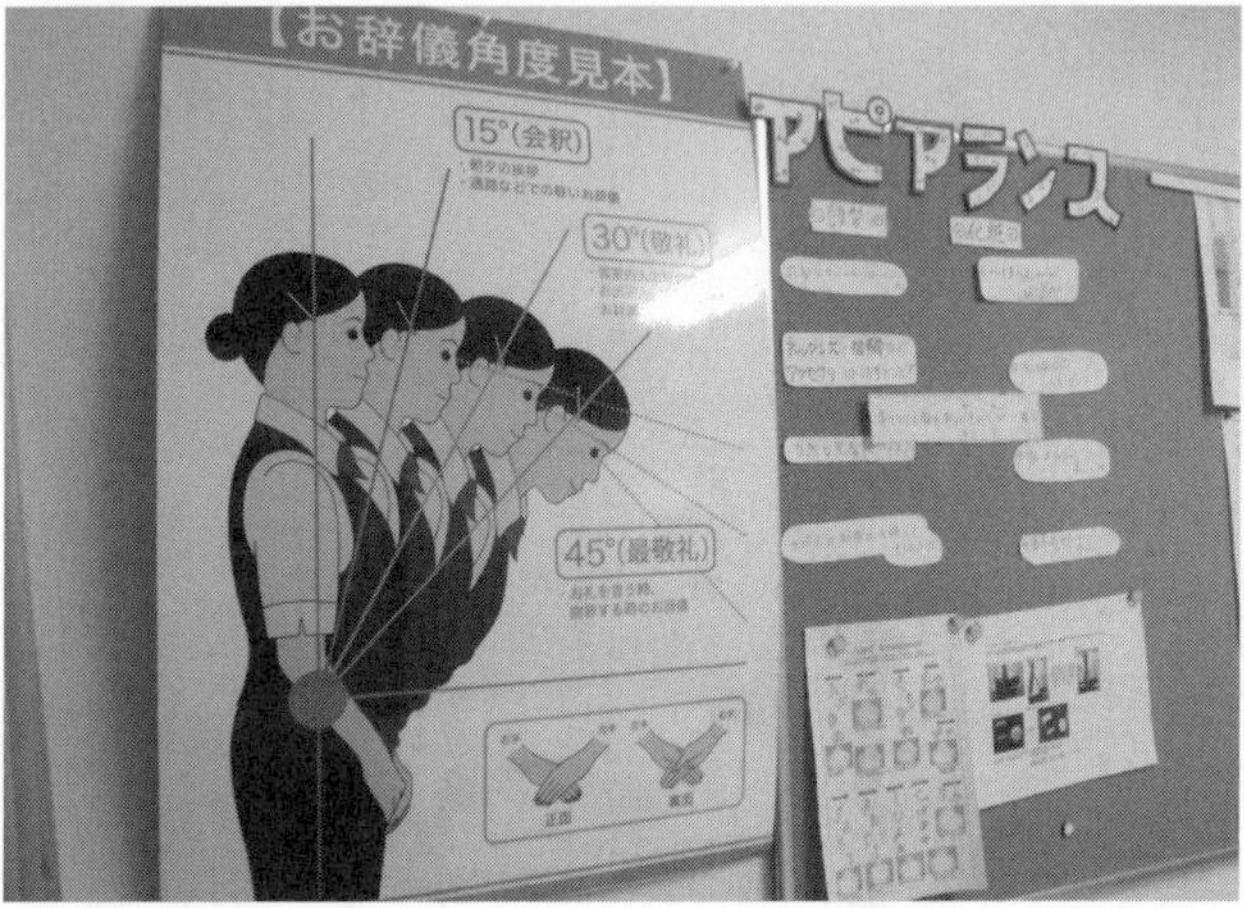

控室の壁面に掲げられた身だしなみの細則。おじぎの角度にも意味がある（筆者撮影）

事なので、清潔感が大事。壁面には身だしなみについての、手書きの注意項目が貼り出してある。

「身も心も顔も常にキレイが一番さ」

●化粧

・つけまつ毛はダメー‼

・すっぴんはダメー‼

・唇はルージュで美しく！

・香水プンプンはダメー‼

・透明色以外のマニキュアはNG

●頭髪

・前髪は目にかからないようにね

・自然な黒髪がイイネ！

髪の毛色にも決まりがあり、毛束のカラーチャートまで貼り出してある。漆黒からふたつ目までOKだが、残りの茶色はすべてNG。アクセサリー類も結婚指輪以外は不可らしい。

制服は濃紺のスカート＆ベスト＆ジャケットとエプロン。ブラウスはスカイブルーかアプリコットの2種類で、共布のスカーフ付き。壁にはスカーフのアレンジ実例も掲示されている。素材はスーツがポリエステル70％に毛30％。ブラウスはポリエステル100％。しわになりにくく動きやすく、かつ洗ってもすぐ乾く。かわいらしいけれど、まぎれもないワーキング・ウエアだ。夏服と冬服の区別はとくにないそうで、一年中同じ。春と秋はいいけれど、山形の場合、夏は首元のスカーフが暑く、冬は吹雪舞うホームでの待機時間がキツい。

「冬は80デニールくらいのタイツ履かなきゃ無理」

おまけに重い荷物を運んで歩き続けるせいか、ストッキングは一日であっけなく伝線してしまう。

10時50分　ワゴン作りに着手

ユニフォームに着替えたら、当日の業務に関するさまざまなデータチェックが始まる。

・車両運用表

編成や折返しの具合をチェック。
・故障状況
冷蔵庫など、車両内の設備の状態を確認。
・残席状況
グリーン車、普通指定席の埋まり具合で、自由席の様子を判断。
・前日の販売実績
前日はどのような商品が売れたのか、日報などから確認。

データから積み込む商品や数の目安をざっと立て、ワゴン作りに着手する。山形営業支店で使っているワゴンは大小2タイプと、平成20(2008)年12月から登場した生ビールサーバー付きを合わせて3種類。その日の乗務によって使うワゴンが異なるのでマイ・ワゴンはなく、当日、どのワゴンを何コースで使うのかという番号を記したメモがテープで貼ってある。

倉庫の棚から、乾き物や菓子類、また飲料用のカップなどを、冷蔵庫から缶やペットボトル入り飲料などを取り揃える。メインのカゴ3段のほか、100円ショップで買ってきたというフックに大型のビニール袋を提げ、ここにも商品をぎっしり入れる。

ワゴンのほかに持参するのは、ＰＯＳシステム用のＣＣＤ（バーコードリーダー）、おつりの入ったポーチ、それと私用バッグ。東京泊まりでもないのに、けっこう大きなバッグだなあと思ったら、専用エプロン、手袋、消毒剤などから構成される「嘔吐物処理キット」が入っていた。なんと、乗客の嘔吐処理まで、アテンダントのお仕事だったのだ。

手際よくここまですませて一段落。テーブルの上にたまたま誰かの差入れや出張みやげのお菓子などがあったら、パクパク。持参のおにぎりやサンドイッチなどで、軽く腹ごしらえする人もいる。

この時間、喫煙者にとっては、貴重な一服のタイミングのようだ。山形営業支店には、時代と逆行するけれど、喫煙女子が意外と多い。肉体労働で、しかも笑顔は欠かさず、お金を扱うから気を使うし、販売するには気合と集中力が要る。タバコに百害あるのは百も承知だけど、緊張を緩めてくれる一利ぐらいは、たしかにあるのだと思う。新幹線のマドンナたちが……、なんてガッカリしないでほしい。弊害をいちばん知っている医師に、実はヘビースモーカーが多いらしいというのと理由は似ているかも。とはいえ支店内は禁煙で、唯一の喫煙スペースは、裏口の狭い一角だけだ。そうそう、１本でも吸ったら、徹底的に手洗い、うがい、だめおしのスプレーなどで臭いをまったく残さないのは、言うまでもない。

事務所での作業がすむと、ワゴンを押してホームへ向かう。いよいよ乗車かと思ったら、まず新幹線改札の内側にある売店へ入った。

おみやげ品や飲み物などの販売ほか、駅そばをやっているこの売店は、同時に倉庫でもあり、山形営業支店のもうひとつの拠点になっている。ここの厨房で調えられたコーヒーやアイスコーヒーのポットを積み、売店の商品からも数点チョイスしてワゴンに加えると、本日、持ってゆくものすべてを冷蔵庫の前の小さな棚に置かれたパソコンに入力する。ここでやっと準備完了。ワゴンは文字どおり盛りだくさんで、こんな満載なワゴンは、ほかの新幹線路線ではちょっと見かけない。サイドにぶら下げた袋の商品も加えたら、100キロを軽く超えるそうだ。

予備のコーヒーポットや氷、私用の荷物、そのほか、別の駅に届ける受渡し商品などは、大型の台車に載せて男性社員が運送してくれ、ホームの外れでスタンバイする。

列車を待っているところに、常連客らしき3人が茂木さんに気づくと声をかけてきた。

「社長、今日はひとりで京都までなんです」

「あ〜、んだかあ。ひとりぼっちで、寂しいね」と茂木さん。

「一緒に京都まで来たらいい。ホテルも取っといたから（笑）」

「それもいいべなあ（笑）」

「東京まで社長をよろしくお願いします」

「私、今日はまず新庄行かねばなんねから、違う列車だあ」

「ああ、そうか、ザンネン」

「中で飲みすぎちゃダメですよ」

　こんなやりとりも、新幹線のホームとは思えないほど小さくて地面の近い山形駅によく似合う。東北や東海道新幹線などの大きなホームでは、ここまで内輪でアットホームな気分は起こりにくい。

　列車が滑り込んできた。

　福島〜新庄間の山形新幹線は在来線区間なので、ホームと新幹線の扉の間に高低差がある。山形駅の場合、18センチ。いくら熟練のアテンダントとはいっても、お相撲さんほども重さがあるワゴンをひとりで持ち上げるのは不可能なので、台車で運送してきた男性社員が、ワゴンとたくさんの商品の積込みを手伝う。停車時間2分以内。すべてが分業で、驚くほどスムーズだ。

11時56分　山形駅発

本日、新庄駅まではアテンダント2人体制。ワゴンも2台乗る。

ホームとドアの間に高低差があるので、ワゴンを乗せたり降ろしたりにも工夫と助けが必要

山形駅から新庄駅までは途中4駅で所要43分。アテンダントが乗務しない列車もあるほどで、通常、商品のあまり動かない区間だが、最初の車両でいきなり米沢駅の名物駅弁「牛肉どまん中」が3個も売れた。

駅弁を食べるには残り時間が少なすぎるし、ひとりで3個という数だしで、不思議に思っていたら、実はこれも茂木さんたちが編み出した戦略だった。駅弁をさりげなくおみやげと位置づけてアナウンスし、販売するのだ。車内で自分が食べるだけなら、ひとりにつき1個売れるだけだが、おみやげとなれば、2個も3個も売れるし、下車する直前に買ったりもしそう。すごい！ナイスアイデアだ。

新庄駅では2時間半ほど時間が空いたので、事務所で昼食。食後は顔見知りのスタッフととりとめのないおしゃべり。張り詰めた業務の合間の、ホッとするひとときだ。

15時27分　新庄駅発

山形駅から同乗していたもうひとりのスタッフは別の列車に乗るので、ここから東京駅までの往復は茂木さんひとり。7時間近い長丁場、いよいよ今日の本舞台に突入だ。

乗車後、すぐに11号車にある車内販売準備室の鍵を開ける。実に狭い小部屋で、扉を閉めて中で作業をするのは無理そうだが、流し、コーヒーメーカー、冷凍冷蔵庫を備えている。ここに当座は販売しない商品を収め、飲料を冷蔵庫、予備の氷を冷凍庫にしまう。

続いて飲料用カップの入っていた小さな厚紙の箱をつぶして、⑪〜⑰の数字を書き始めた。数は号車番号。車内用のメモらしい。

山形新幹線の場合、最初からすべての駅弁を積み込んでいるわけではなく、車内から追加の発注をかけるそうだ。温かく新しい弁当を提供できるほか、売れ残って廃棄するというリスクを極力省くという目的もある。今作ったメモは、何号車の何番の席でどの弁当の注文があったかを記録するのが最大の目的で、そのほかにもちょっとしたメモとして大活躍する。厚紙でハリがあるから下敷きなしで書くことができるし、商品の合間に立てておけばワゴンを押しながらでも見やすい。さらに上質紙に比べて存在感があるから、紛失しにくい。このIT時代になんともクラシックでアナログ。

「会社ではちゃんとメモ帳に書きなさいと言うんだけど」

経験から生まれた最高の方法らしい。

車内販売準備室の隣は、車掌室だ。茂木さん「放送、お借りしまーす」と声をかけ、

「NREより車内販売のご案内を申し上げます。ホットコーヒーにアイスコーヒー、冷たいお飲

車内販売中の茂木さんを支える厚紙メモは、いわば外付けハードディスク

み物、アルコール類やおつまみ品、お弁当などをご用意いたしております。おみやげ品といたしまして、人気の高い山形の『ずんだんまんじゅう』を880円、そのほかテレビなどでご好評いただいております『山形のさくらんぼカレー』630円もございます。人気の駅弁、米沢の『牛肉どまん中』1100円でご用意しております。おみやげ品としても、どうぞご利用ください」

聞いたことのあるNREの車内放送。こういう場所で行なわれていたのだった。

準備万端、いよいよワゴンサービスの始まりだ。ワゴンは基本的に押して歩くように設計されているのだが、茂木さんは、列車が進む方向と同じほうに進むときは引きながら回る。これが知る人ぞ知る、茂木久美子のバック販売。NREのアテンダント1300人のなかでこの技ができるのは、茂木さんを含めほんの数名だそうだ。

茂木さんは車内を見渡しながら、後ろ向きに進んでゆく。ある車両でのこと、何も合図をしていない乗客の横で、茂木さんはワゴンを止めた。すると男性はホットコーヒーを注文。一連の動きのなかには、一度も彼女を呼び止めるような声も動作もなかったはずだ。

次に驚いたのは、おつりの早さである。男性が財布から1000円札を取り出すのと、茂木さんが700円を渡すのが、ほぼ同時だった。

オドロキの技を連発しながら、駅弁の注文を受けたり飲み物を販売したりしながら車内を一巡して準備室に戻ると、注文を受けた駅弁の種類と数を確認する。

「どまん中は、注文が25、予備10。すきやきは注文が8、予備4。足りるかなあ、怖いよ、もう」。携帯を取り出して発注した。「もしもーし、124でーす。追加でーす」

16時16分に着いた山形駅では、ビールを追加で2箱積み込む。車内の冷蔵庫はキャパが小さい。最初からすべて積み込まないのは、ギリギリまで駅の大きな冷蔵庫で冷やしておき、冷たいままで提供するためだ。

16時49分　米沢駅着

米沢駅でどっさり積み込まれた作りたての駅弁を、温かいうちにと急いで配っているうち、にわかにビールの注文が増えてきた。お弁当と一緒に、ということなのかと思ったら、それもあるが、ビールなどのアルコール類は17時を境にドッと増えるんだそう。誰も見ていないのに、日本人ってけっこう律儀なんだなあ、なんだかいい話だ。

福島駅で東北新幹線「Ｍａｘやまびこ124号」の後ろに連結して、郡山駅着。サラリーマンらしきスーツ姿が自由席におおぜい乗り込んできて、ビール市場はさらにヒートアップ。おみやげもどんどん出る。茂木さん、スーツ姿の乗客には、領収書が必要か否かの質問も忘れない。郡山駅以降は客層も変わり、東京タイムというのだろうか時間の流れが速く感じられ、ほんの一瞬のうちに東京駅に着いてしまう。折返しの運転だが、清掃スタッフが乗り込んでくるのと同時に、ワゴンなどすべての荷物をいったん降ろす。ところが、車内の通路に小型のダンボールが1箱ぽつり残っていた。すわ、〝不審なお荷物〟か。

「あれえ、大宮支店の人、取りに来なかったんだ。まあ、帰りには来るでしょう」

支店から支店への商品の受渡しにも、彼女たちアテンダントが関与している。

19時20分　東京駅発

復路の「つばさ129号」はかなりの混雑だ。東京駅で自由席はほぼ満席。大宮駅を過ぎたら、通路だけでなく、連結器のところにも乗客が立ち始めた。

空調は効いているはずだが、真夏とあって、車内はかなり蒸してきた。すし詰め状態で、もはやワゴンで入ることのできない自由席の17号車の手前で、茂木さん、ワゴンを手すりに結び付けると、やおらお茶、ビールなどをビニール袋に詰め始め、腕がちぎれそうになるほど重くなった袋を両腕に提げ、人ごみに消えていった。華奢《きゃしゃ》な後ろ姿が、従軍看護婦に見えた瞬間である。戻ってきたとき、袋は空っぽ。すべて売り切ってきた。

福島駅で東北新幹線の「Maxやまびこ129号」の車両を切り離し、一呼吸したあと、最後の車内放送だ。

「車内販売のご案内を申し上げます。ただいまおみやげ品といたしまして、人気の高い東京ばな奈、ゴーフレット、人形焼、横浜名物しゅうまい、郡山銘菓薄皮饅頭などをご用意いたしております。なお本日、車内販売の営業は、途中駅、山形までとなっております。おみやげ品やお飲み物、お買い忘れのございませんように、ご注意ください。本日もNRE車内販売をご利用いただきまして、ありがとうございます」

22時01分　山形駅着

通路の外れに立ち、下車する乗客を「ありがとうございました」と見送ったあと、急いでワゴンとともに下車。乗ったときと同じように男性スタッフが待っていてくれ、重い荷物を台車で引き受けてくれる。「お疲れさま」の笑顔が、人影の消えたホームで心にしみる。

たった1往復で、オドロキの技をたくさん見せてくれた茂木久美子さん。次は根掘り葉掘りの質問で、秘密に迫ってみよう。

ガングロ コギャル、そんな私がアテンダントに

――茂木さんのご出身は山形ですか？

昭和56（1981）年、天童生まれの天童育ちです。

――血液型と星座は？

2月9日生まれのみずがめ座。O型です。

――家族構成を教えてください。

兄がふたりいて、私は末っ子でひとり娘。兄たちは独立していますが、私は未婚で、両親と暮らしています。

――どんな子どもでしたか？

空想をしながら、ひとり遊びするのが好きな子どもだったかなあ。習い事は、すぅごいたくさんしていました。

学校の勉強は嫌いだったし苦手でした。中学から高校に進学するときには、ほんっとうに恥ずかしい話なんだけど、アルファベットがちゃんと書けなかったんですよ。机に座って教科書とノートを広げても、「勉強っていったい、どうやってするのか、ぜぇんぜんわがんねよ」って思って

たんです。先生もさすがに、これはまずいと思ったはずです。

勉強は嫌いだったけれど、先生のお話を聞くのは大好きで、聞きながらいろいろ想像したりしていました。家ではなんて呼ばれてるんだべなあとか。学校ではこんなにして立派な先生だけど、家では奥さんに怒鳴られたりしてるんだべなあとか。

お向かいに住んでいた同い年の女の子が幼稚園からの友だちでいちばんの親友。その子は頭が良くて、勉強もできて、しっかりしていて、自転車乗れないときには教えてくれたし、幼稚園のとき、おつかいに行って買い物のしかたも教えてくれた。久美子のことを守ってくれる子でした。

新幹線での抜きん出た仕事ぶりから、何もかもそつなくこなす優等生だったのではと思っていたが、予想はハズレ。少女のころの久美ちゃんは、空想好きで夢見がち、そしてたぶんちょっと甘えん坊だった。ただ、さすがにヤバイと焦った先生たちはじめ周囲の人々による説得で、遅まきながら勉強デビュー。中3にしてアルファベットが書けないという、何周回も遅れた受験勉強スタートながら、県内最大の女子高・城北女子高（平成14年に共学になり、現在は山形城北高等学校）に進学した。勉強は嫌いだけど、地頭の良さはすこぶる付きということだ。

——車内販売員の仕事を選んだのはなぜ?

高校を卒業したとき、友だちの進路は、大学進学、専門学校進学、就職、何も決まってないの4つに分かれました。私は4つ目の「何も決まってない」グループ。就職難が言われていたのもあったけれど、そもそも働かなければならないって考えが、さらさらなかったんですね。だって正直言って、家で生活して、ときどき遊びに行くときに今までどおりお小遣いをもらえばいいわけなんですから。だから卒業後2カ月間ぐらい何もせず、楽しくぶ～らぶらしてたの。不安?ゼーンゼン! こんな楽しいことってないって思ってました。

けれど、ある夜、遊びから帰ったとき、父と母が私の将来について話し合っているのをふと聞いてしまったんです。私は両親が年をとってからの子なんですね。いろいろなことが急に現実になって目の前に現れました。ああ、将来、父が本当に高齢になったとき、どうしたらいいんだべって。それに今は友だちと遊びに行くときだって、みんなが仕事終わってからだよね。そうだ、みんな自分で歩き出しているんだ、私、このままじゃ明らかにヤバイなって、そのとき初めて気づきました。

それで遅ればせながら、仕事を探し始めました。まずハローワークに行ってみたら、いろんな仕事が壁に貼ってあるじゃないですか。私、思いましたね、「なあんだ、就職難、就職難って言うけれど、会社なんていっぱいあっぺぇ」

説明を聞きに行く会社を3つ選べると聞き、さあ、どこにしようかと求人票で私がまず見たのは、条件です。土・日曜休めること、それからお給料が25万円ぐらいあること。今にして思えば、いくら18歳とはいえ、すごいおこがましくて世間知らずですよねぇ（笑）。

ところが条件はともかく、そんなにたくさんある仕事の中から、いくら見ても、肝心の「私は何をしたいか」「私には何ができるか」が、さっぱりわからなかったんです。

――それでどうしました？

昔の自分はどんな夢をもってたんだべって、考えてみました。そしたら、小学生のころ、フライト・アテンダントになりたかったんだって思い出したんです。きっかけは、毎日、学校帰ってから再放送で見ていた「スチュワーデス物語」。〝のろまなカメ〟って自分で言う、あまりできのよくない子が、教官や仲間の力を借りて成長してゆく物語で、お話自体もおもしろかったけれど、制服姿っていいなあって。それに乗り物の仕事って、なんかカッコよぐね？　って。

――そこで最初は航空会社を目指した？

じゃなくて、どういうわけか最初に思いついたのが、新幹線の車内販売だったんですよ。

実は私、東京への憧れが人一倍強い子で、とにかく東京に出たくて、高校のころから渋谷の1

09に行っていました。買い物したらそのままセンター街をぶらぶらして、「東京に住んでるんだべなあ」とか、「毎日、買い物来てるんだべなあ、いいなあ」とか考えつつ、コギャルたちを眺めてました。

ほとんどの場合は、安い夜行バスを使って行ってたんですけど、お小遣いに余裕があると、たまに新幹線に乗ったりもしていて、そういえば車内に制服姿の販売員さんがいたなって、思い出したんです。

ひらめいた！ よしっ、この方針で行くべって思ってさっそくネットで調べたら、採用があったんです。「やったあ！ 東京サ、行ける！」

――「やったあ！ 仕事に就けるかも」じゃなくて、そこですか。

んだあ（笑）。ところが父に言ったら、「おめえ、馬鹿《ばあか》なこと考えてんじゃねえ。田舎で、学校もいい点サ取ンねえで、云々云々」……、要するに大反対だったんですね。そこで山形で採用はないかを調べたら、まったくない。ああ、だめだと思いました。

ところが数日後、新聞の求人欄に、なんと「山形新幹線1期生募集」ってあるじゃないですか。「あれえ、1期生ってことは、もしかして山形で採用サ、するんだ。これだこれだこれだ」って。まぁず、すぐに履歴書を書いて送りました。

――試験の首尾はどうでしたか？

面接に来てた子たちは、おしゃべりしたりしてるのですが、私、一度《いっちど》も誰《だあれ》からも声をかけられなかったんです。ひとりでぽつーんとしていました。したら、面接官がこんなことを話してるのを聞いちゃったんです。「あの子は1週間もたねべ」って。私、心の中でカアッとしました。「誰にも声をかけられないからって、1週間もたないって、どして勝手に決めんのよ。私、本気でやる気なんだからあっ」って。

夕方に採用・不採用の連絡をしますからと言われて、家に帰る途中、その日のことをあれこれ考えているうちに、気づいたことがあるんです。あれ？　なんかみんなスーツ、着てたな。ああ、きっと面接って、スーツ着てかなきゃなんねかったんだって。私ってば、自分なりにめいっぱいおしゃれして、コギャルの格好してたんですよ。

そのことに気がついたらすごく不安になりました。この会社に入りたくて、もう自分ではほとんど入ったようなつもりで面接に出かけていったけど、会社から「あなたは要りません」って言われたら、どんなに望んでも入ることはできないんだって。想像もしていなかった実社会というものの壁の高さを初めて感じました。

――結果はどうでしたか？

それがですねぇ、電話の声は「おめでとうございます、茂木さん、採用です」だったんですよ。嬉しいけど、なぁんか腑に落ちない気持ちでいると、電話には続きがありました。「ただね、条件があります。まず、髪の毛を黒く染めてきてください」。そういえば面接に来ていた人はみな、髪が真っ黒でした。私、真っ金金でメッシュまで入れてたんです。「それから顔を白く塗ってください」。私、ガングロでしたから。

フレッシュマンの頃（乗客撮影。茂木さん所蔵）

電話を切ってすぐ、母に「白いファンデーションと、髪の毛黒く染めるやつ、買いに行かねばなんね」って報告しました。でも、ヘアカラーで選んだのは、シャンプーすれば落ちるスプレー式のものです。仕事以外のときは、今までどおりの久美子でいたかったから。実はつい最近まで、これ、使ってたんですよ。車内販売の仕事はかなり重労働で汗をかくのですが、そうすると気がつかないうちにカラーが流れてしまい、

「おねえさん、どしたのっ？　ここんとこ、ホラおでこ、真っ黒だよっ」って、お客さまに驚かれたこともありました（笑）。

茂木さんが高校を卒業した平成10（1998）年は、1990年代初頭のバブル経済崩壊に始まる、いわゆる〝失われた十年〟の真っ只中。「就職氷河期」ということばが、新語・流行語大賞で審査員特選造語賞を受賞したほどで、高度成長期以降でおそらくはじめて、「失業」の2文字を、すぐそこにある危機として、多くの日本人が意識しはじめた時代だ。

90年代は、コギャル全盛期でもあった。茶髪×メッシュにルーズソックスのコギャルと、高校はとうに卒業しているのに制服を着たなんちゃってコギャルに、渋谷は昼となく夜となく埋め尽くされた。そのなかのひとりが茂木さんだったというわけだ。新しいものを抵抗なく受け入れ、時代の風を呼吸する茂木さんの姿が見えてくる。

ちなみに制服姿の茂木さんはハッとするほど清楚な美人。だが、平成21（2009）年現在、オフの彼女のファッションはフリフリキラキラ、髪は盛るわ巻くわの、バリバリのage嬢だ。

こうして茂木さんは、ガングロ、金髪のコギャルのまま、見事、NRE山形営業支店における山形新幹線「つばさ」のアテンダント第1期生になった。面接に来た茂木さんの姿のことを鮮明に覚えている山川和子山形営業支店長は言う。

「いやもう、ふつうじゃ考えられない格好で来たんですよ。見たときはビックリしたけど、それでも、とにっかく明るい子だった」

――最初の乗務の日のことを覚えていますか？

研修が終わって、いよいよひとりで新幹線に乗る日、いやあ、だめだ、やっぱりできねえって気持ちが襲ってきました。そしたら山川さんがこう言ったんです。

「大丈夫、大丈夫。乗ってれば東京サ、着くがら。んでもお前、途中で降りんなよ」

で、乗せられて、それからは無我夢中でした。東京に着いて折り返したことも覚えてなくて、気がついたら車掌さんに「山形だ、降りねば」って言われて、大慌てで降りました。

山形駅のホームで一瞬呆然としたあとに、まず思ったのは、「うわあっ、楽しかった。もう一回、行きてえっ」。何よりも嬉しかったのは、私からモノを買ってくれたという実感です。私から買ってくれるんだ。ううん、私だから買ってくれたんだって。がんばってこの仕事、続けていきたいって強く思いました。

乗務を続けているうちに、また違う思いも湧いてきました。まず、親はありがたいなあということ。私は何不自由なく育てられ、習い事もさせてもらい、高校まで出してもらった。たぶんおとうさんは、少ないお小遣いでやりくりしてくれていたんじゃないでしょうか。

それと会社ってすごいなって思ったんです。家族のいる男性を何人も何人も働かせているのだから、つまりは社員の家族まで養ってるんですよね。髪とか身なりに関する規則は高校にもあり、私、かなり反抗していたのですが、会社の規則というのは、それとは意味合いがまったく違う。「お金をいただく」ということの重さを、そのとき初めて知りました。

茂木久美子的車内販売、根掘り葉掘り

――茂木さんは車内を回る回数が、平均より多いそうですね。

新人のころ、お客さまにごしゃがれた（叱られた）んです。もっと早く来いって。「こんなに一所懸命やってるのに。私だってタイヘンなんだから‼」って、そのときは頭にきたし、全力で取り組んでもクレームが出ることに無力感を感じて、へこみもしました。でも考えてみたら、待つ時間って実際の時間よりずっと長く感じるでしょう。ましてお腹が空いていたり、喉が渇いていたら、なおさらですよね。

だからできるだけ速く回ってみようと思ったんです。もう走るぐらいの勢いで、いかに速く回れるかをテーマに挑戦してみました。でも、以前よりずっと多く往復しているのに、売行きにつ

ながらない。速すぎてお客さまの目に留まらなかった、なんていうのは冗談ですが、殺気だってワゴン押して歩いているから、お客さま、よほど必要がなければ、声、かけられなかったかもしれませんよね。しかも多く往復することを目標に急いでいるから、丁寧な対応もできてなかったかもしれません。この方法は失敗でした。

――急ぎ歩きをやめたのに、たくさん回れる秘密は？

歩く速さのほかに短縮できる時間はどこかなって考えたら、支払いの時間なんです。お客さまが財布を出している時間と、お財布の中からお金を選んでいる時間。その間、私、ボケーッとしてたことに気がつきました。そこで、お客さまがお札を出すのか硬貨なのか、手元を目で追って推測しながら、ポケットの中でおつりを準備するようにしてみました。そうしたら、たったそれだけのことで、今まで3往復が限度だったのに、いきなり7～8往復できるようになったんです。

――お客さまがお金を出すのと同時におつりを出せるのは、どうしてですか？

これは全員がやっていることで、エプロンのポケットのなかがふたつに分かれていて、お金を分類しているんです。私は右利きだから右側のポケットの内側に100円、外側に500円と1000円札。左には車内ではあまり使わないお金を入れます。内側に10円、その奥に50円、で外側に1万円と5000円。500円と100円、10円と50円はごっちゃに入っちゃってることがあるけど、手で触って判別できるから大丈夫。ただ新人には、最初は分けるように教えてます。たとえばお客さまが300円のコーヒーを注文なさったら、代金を待ちながら、1000円札の場合と500円の場合の両方に対応できるよう、ポケットのなかで700円を探し出して握っておくんです。1000円札でなく1万円だったら、最初に700円をお渡しして、あとから9000円出せばいいのですから、無駄にはなりませんよね。

——後ろ向きにワゴンを引くようになったのはなぜですか？

これも入社2年目の新人のころ、ぐっすり寝込んだお客さまの足が通路にはみ出していて、ワゴンで接触してしまったことがあるんです。「痛っ！」お客さま飛び起きて、ものすごく叱られました。あたりまえですよね。ひたすら謝りながら、考えてました。「私はちゃんと気をつけてた。でもワゴンの陰になって見えない。足元ばかり注意してたら、回るのが遅くなってしまうし、これ以上どうやったらいいっていうの？」って。

コトが起きたのは、たまたまいちばん端の17号車で、いつもその号車だけは端まで行ったあと1両だけバックで引いて戻り、次の号車との間で方向転換していたのですけれど、「それなら、よし、このままバックで行ってみるべ」って思ったんです。そうすれば、ワゴンの陰になるケースが減りますから。

やってみたら、常にお客さまの顔が見えることに気づいたんです。つまり今まではお客さまの横を、たぶん2~3秒で通り抜けていた。お客さまからしたら、その2~3秒のタイミングを逃したら、次に回ってくるまで待たなければならなかったんですね。だけどこの方法だと、通過した後の方向を見渡すことができるから、声をかけるタイミングが合わなかったり、気が変わってやはり買いたくなったお客さまの合図や、何か買いたい気持ちはあっても声をかけられないでいるお客さまの視線に気づくことができるんですよ。

それ以来、「お客さまに私の後ろ姿は見せないぞ」という気持ちでバック販売方法を続けています。ものすごく重いし、まっすぐ引くのはたいへんです。体力的にはきついけれど、効果はバツグン。今では後輩が何人か同じ方法で販売するようになってくれていて、とても嬉しいです。

——お客さまが合図していないし、茂木さんも声をかけていないのに、コーヒーが売れるのを見ましたが、あれはどうしてですか?

あのときは、ワゴンが車両に入ったとたん、棚の荷物から何かを出しながらお客さまがこちらをチラリとご覧になったのが目に入りました。近くに行くと今度は目が合いました。それってこちらに関心があるっていうことですよね。だからワゴンを止めたんです。どうしようかなと迷っているときにこうなると、買う決心がつきますよね。

――お客さまの顔と座っている場所を覚えてしまえるとか。

まず1周目にバックで歩きながら、今日はこういうお客さまと一緒に行くんだなっていうイメージをつかむんです。お客さまのお顔だけでなく、実は棚の上の荷物など、持ち物も見ています。このおみやげってことは、大阪に行ってらしたんだな、バッグの大きさを見ると、たぶん3泊ぐらいだ、っていうように。

お席で何をなさっているかも見ています。熱心に新聞読んでらっしゃる、経済新聞だ、何面だ、のように。話す機会があると、新聞読んでいたときのお顔から想像してたより、ずっと優しい声なんだなとか、仕事しながらあれこれ思ってるんです。

お話ししながらも想像しちゃいます。たとえばサラリーマン風のお客さまに「何かおみやげはない？」と声をかけられて、会社にですかと尋ねたときに、「いやいや家族にだよ」っておっしゃったとする。そうすると、お子さんは何人いるのかな、男の子かな、女の子かなとか、働きに行った出張の帰りに、お小遣いのなかでおみやげを買うなんて、家族思いのおとうさんだなあとか。

売上げのためにお顔を覚えようとしたら、そのことばかりが気になって辛いかもしれないけれど、勝手にそんなこと考えているから、自然に覚えてしまうのかもしれません。

――シャーロック・ホームズみたいですね。

回るごとのお客さまの変化も気にしてます。いい匂いだなあ、おばあちゃん、さっきまでテーブルに置いていたミカン食べ始めたんだなとか、あ、こんどは相席の人たちにチョコレート配り始めたなとか。どういうものを持っていて、どこから来て、たぶんどういう性格でなんて想像して、とにかくすごくお客さまのことを、私って見ているんです。

片道の3時間半で、平均して7〜8回まわりますから、ひとりひとりのお客さまのお顔を、15回も16回も見ていることになる。そのせいか、なんだかみんな知り合いみたいな感情が、勝手ですけど湧いてきてしまうんです。下り列車が米沢に着くと、あと何分で山形だ、もうこの方たちとお別れなんだ……なんていうのは、お客さまに対しておかしいかもしれないけど、そういう少し名残り惜しい気持ちになるんです。

乗客への目配りは、車内販売員として売上げを上げるためのプロのスキルであることはもちろんだが、それ以前に、子どものころからの空想好きでマン・ウォッチング好きな彼女の性格が、まるごと生かされていると言えそうだ。想像力たくましく乗客に接していることが、おすすめする商品のセレクトや巧みなセールストークにつながっている。

――茂木さんのワゴンは、商品が賑やかに隙間なくぎっしり、そしてうず高く積んでありますね。

ワゴンは、私のお店なんです。横幅40センチ、全長1メートルのこのお店で、11号車から17号車まで続く「つばさ」の細長いまっすぐな通路を販路として往復します。

ワゴンに載せる商品選びも任されています。支店ごとに多少異なるそうですが、山形営業支店の場合、私たち販売員ひとりひとりが、乗務のたびにひとつひとつ選ぶんです。

時間帯と曜日でだいたいの乗客層と売れ筋の予想をつけておきます。けっこう気にしているのが天気予報。テレビなどで、今週いっぱいは暑い日が続く模様ですなどという予報を、なんとなく耳に入れています。

それから出勤の途中、暑いといっても、これはただごとじゃない、ジリジリするほど暑いなんて実感すると、冷たい飲み物やアイスクリームをよりたくさん持って行こうと思います。夕方でサラリーマンの多い時間帯なら、もちろんビールです。

事務所では、JRさんからいただくその日の空席情報や、前日の売れ筋商品の情報も閲覧できます。そうした情報や経験からくるカンで商品を選びます。

通常の商品のほかに、私が必ず積むようにしているのが、「今日はこれをがんばって売るぞ」という、課題商品なんです。だいたいみんなが載せないような、それほど売れ筋でないものを選びます。売るのが難しい商品を売るのが、個人的には好きなんです。

ワゴンの作り方（商品のディスプレイ）も、ひとりひとりみんな違います。汚いワゴンやにぎやかさのないワゴンからは買いたくならないと、私は思っています。

それから客層によって目立つところに置く商品を替えます。たとえば、夏休みでお子さんが多いだろうと予想して、じゃがりこなどの売れ筋のお菓子類を目立つところにレイアウトして乗車したものの、自由席に行ってみたら、意外なことにサラリーマンが多い。そうしたら急いでサラリーマン仕様にワゴンを変えます。夕方の列車でおみやげやお弁当を中心にして回っていても、福島や郡山などでサラリーマンがおおぜい乗ってきたのを確認すると、ビールやおつまみ中心のワゴンにすぐ模様替えします。

この仕事を始めたばかりの18～19歳のころ辛かったのは、「駅弁に髪の毛が入ってた」などの苦情への車内での対応です。一販売員である私があずかり知ることのできない商品のクレームまで、なぜ受けなければならないのかということでした。もし内勤の事務所勤めだったら、責任者あるいは担当者に代わりますと言って、つなげばいいんですから。でもワゴンは私のお店なんだと思うようになってからは、それも素直に受け止めることができる。それが仕事なんだって思っています。

NREのユニフォームを着たリカちゃん人形（筆者撮影）

平成11（1999）年に、JR東日本の新幹線車内で、NREのユニフォームを着たリカちゃん人形を限定販売したことがある。税込3980円だから、駅弁なら3～4個買える値段。旅行客やビジネス客相手に販売するには、どう考えても難易度が非常に高い、あまりにチャレンジャラスな商品で、当然、ほとんどの場合、1～2点も出れば上出来だったそうだ。

ところが、ここでも茂木さんは、毎回15～20体を売り上げていたという。段取りはこうだ。まず数量限定で、しかも車内限定と、限定を意識してもらうアナウンスをし、のち乗客の様子を見ながらさりげなく声をかける。そこで少しでも興味のありそうな反応を見出したら、迷う余地を与えずさらに楽しくプッシュする。乗客それぞれに合わせたコミュニケーションを楽しめる茂木さんならではのエピソードで、すでに伝説となっている。

――車内での茂木さんの周りには、会話があふれていますね。

私の場合、新庄から東京まで3時間半でだいたい7～8往復するから、「お弁当にお飲み物、沿線のおみやげものはいかがでございますか？」って同じフレーズばかりだと重い。だから、少しずつ言い換えをします。

そのなかで、お客さまに積極的に声をかけるようにしています。でも、自分から人に声をかけるのは、最初、かなり勇気が要りました。私ね、方言にすごくコンプレックスがあったんです。渋谷に遊びに行っていた高校生のときも、「このラーメン、うまいずね、山形じゃ食べらんね」って、さんざん。でも自分じゃ、標準語しゃべってるつもりだったんですよぉ。

会社の訓練で一所懸命覚えたこともあったんですけど、売れると心が開放的になって思わず地金が出る。「ありがとうございます」のイントネーションで、あっさりバレるんです。「おねえさん、どこの人？」って。どうしてもバレちゃう。

でも「山形です」と答えたら、お客さまに「今、東京駅で乗ったばかりなのに、もう山形にい

自然な笑顔も初対面から人の心に入り込む天性のコミュニケーション力

るみたいだ」って喜んでいただいた。それに「おいしい店、教えて」とも頼まれて、会話が広がりました。で、それも「方言も私の個性なんだ」って気がつきました。しかも簡単な山形弁を教えてさしあげたり、名物料理をご案内したりして、山形のPRまでできてしまうんですから。それで思ったんですよ。方言は使ってもいいべって。もちろんいつもというわけにはいかないけれど、流れのなかでいけると思ったときには使ってみようって思ったんです。「コーヒー、あったかいのとつったいのとどっちいい?」、みたいに。

――たしかに注文以外にも、よく話しかけられてますね。

私から声をかけるのはもちろんですが、それ以上に、お客さまから声をかけられるアテンダントでありたいとも思うんです。

先日こんなことがありました。東海道新幹線ではびっくりするほど大きな富士山が見える場所があって、車掌さんがアナウンスするほどの名所なんですが、実は山形新幹線でも富士山が見える場所が、大宮の近くにあるんですよ。その日はいつにもまして、くっきりときれいでした。そこにさしかかったとき、私、ちょうど、おばあちゃんと若いサラリーマン風の方が隣り合って、その斜め前に旅行の女性グループがいらっしゃる席を回っていました。おばあちゃんが「おねえちゃん、おねえちゃん、コーヒーちょうだい」って買ってくださったので、私、渡すときに、「おばあちゃん、富士山、見だぁ?」って、周りにも聞こえるぐらいのはっきりした声で言ってみたんです。そうしたら斜め前の旅行の方々が、「あ、富士山だ、富士山だ」。真剣な顔でパソコン見てたサラリーマンの方も、ふと顔を上げて、「ほんとだ」って。

次にその車両に戻ってきたときに、旅のグループの方々が「さっきの富士山、きれいだったねえ」って声をかけてくださいました。そしてさらにその次に回ってきたとき、先ほどのおばあちゃんが、「おねえちゃん、おねえちゃん、アイスクリーム。ふたつね」って。隣の男性の分まで注文されたんです。コーヒーひとつがアイスクリームふたつになったこともちろん嬉しいけれど、こんな短い間にそれほど仲良くなるなんて、「なに、どこまでしゃべったの〜」って思って(笑)。新幹線に乗っているのはただの移動時間ですけど、それでも見知らぬ同士がうちとけた時間を持ってくれたことが、すごく嬉しくって。

満席で、そんなふうな短い立ち話すらできないくらい忙しくて、バンバン売れるとそりゃ嬉しいですが、降りたあとに「最後までお客さまに対して丁寧に接することができたかなあ」と不安になります。正直いうと、満席にはならないくらいで、ほどほどの売行きで、お客さまといろいろお話ししながら仕事ができたときのほうが、充実感があるんです。

初めて茂木さんが乗務する新幹線に乗り合わせたとき、こんなことがあった。年末の帰省ラッシュ前の比較的空いた車内で、販売もほぼ終盤、飲み物も食べ物もおみやげも行き渡り、車内には落ち着いた充足感が流れていた。

下車する前にゴミを捨てておこうと席を立つと、車両のいちばん後ろの座席で、肝っ玉かあちゃん風のおばちゃんと、茂木さんが親しげに話していた。通りがかりに見ると、テーブルの上には、たった今、ワゴンから買ったらしいチョコレートの山と海苔の缶。車内でこれほどたくさんチョコレートを買うことにも驚いたが、意外な商品だったので、「海苔の缶詰なんて売っているの?」と、つい私が尋ねたら、茂木さんより早く「違う、違う、これは東京で買ってきたの。いつもおみやげにするのよ、おいしいんだからあ」と言いつつパッカンと開缶、茂木さんと私に1枚ずつ差し出した。自分も口に入れつつ、肝っ玉かあちゃんは、足元のデパートの紙袋をゴソゴソやり、茂木さんと私に1缶ずつ、「持ってきなさい」とさしだした。「そんな、通りがかりの私まで、とんでもない」と辞退しても、「いいから、いいから」。あまりにもすすめてくださるので、ありがたくちょうだいした。

後日、あの海苔をくださった方によろしくお伝えくださいと、茂木さんに言ったら、「あの方、初めてお会いしたお客さまなんですよ」って。それ、初対面でどうしてあのこなれっぷり? 考えられません。ほとんどマジックだった。

――車内で、このお客さまは元から茂木さんの知り合い？　と思う場面もありました。

お客さまからは、いろいろなことを教わる以外に、実際にいろんなものをいただいちゃうんです。この前は、おにぎり。「ごはん食べてないんでしょ。私、食べようと思ってたけど、半分食べなさい」って。まさかアテンダントにあげようって作ってるわけないでしょう。ほんとは自分のために作ってきたおにぎりを、私のためにくださるなんて。朝、早起きしてその人がおにぎりを作っている場面や、どういう気持ちで私に声をかけてくれたんだろうって想像したりして、グッときました。あ、それとも、そんなひもじそうな顔してたのかなあ、私。やだあ。

――そうしたふれあいも、山形新幹線の特徴でしょうか？

山形新幹線は満席で394名のお客さまがご乗車になれる車体です。いちばん大きな新幹線だと800人ですから、そのたった半分です。車体も多少狭くて、お客さまと私たちの距離が近いんです。

でも、ほんとうに山形新幹線が山形新幹線らしくなるのは、福島駅が境界線かなあ。東北新幹線から切り離されて、急に景色が変わって山が両側から迫ってきて、携帯も入らなくなる。在来線区間だからスピードも100キロ程度。あの時間で、すべてが山形新幹線らしく一体化する感じがします。

逆にいえば、上りでは福島で東北新幹線に連結すると、ああ、いよいよ東京サ行くんだなあって、今でも思います。

茂木さんは、並ぶもののない販売のプロフェッショナルでありながら、戦略としてではなく乗客とのコミュニケーションを心から楽しみ、たがいに小さくワクワクできる時間に演出してしまう天賦の素質をもっている。新幹線は移動のための機能的な空間だが、ワゴンが止まり、茂木さんのよく通る声がするたび、ポワンポワンと小さな花が咲くみたいだ。

今、車内販売では、Suicaなどの電子マネーで買い物ができる。この支払い方法だと、茂木さんのおつりの早業が見られないかと思いきや、スゴ技はここにもあった。バーコードリーダーのCCDを持った片手を伸ばしてカードを読み取るのでなく、昔のアイドルがマイクを持つように両手で胸の前で持ち、そこに客のほうがカードをかざすことがあるのだ。おつりを渡す時間まで削っているのに、それじゃ、よけいに時間がかかるじゃないかって? たしかにそう。だが、多くの修羅場を踏んでいるはずの分別盛りの中年男性が、まるで好きな子に消しゴムを貸す中学生みたいに少しはにかみ、あまつさえ「ピッ」と小声でつぶやきさえしてカードをかざし、お茶やビールを買う現場を、私は何度も目撃した。殺伐とした出張の、小さなオアシスというところ。

もしそれを計算してやっているのだったら、同じ女性として私は必ずあざとさを感じるはずだが、そんな印象は皆無。それどころか、おそらく茂木さん自身、自分がそうしていることに気づいていないと思う（おじさんたちも、「ピッ」とつぶやいている自分に気づいていないと思う）。マニュアルではゼッタイにまねのできない、茂木さんという個性ならではのコミュニケーションだ。

「売りたい」から「伝えたい」に変わった

――この仕事に就いていなかったら、何をしていたと思いますか？

んー……、それは想像がつかないけれど、なりたかったものは女優。「スチュワーデス物語」を見たとき、フライト・アテンダントになりたくなったのと同時に、女優にも憧れたの。家では、「久美子はぜったいに女優さんになるんだよ」って言ってました。「いずれ東京に行く。そして女優さんになる」って。親は、「お前、ほんとうに馬鹿だ」って笑ってたけれど。でもよそでは恥ずかしくて言えないんですよね。だから小学校の文集の将来の夢には、「歌のお姉さんになりたい」って書いたりして。ほんとうに本当のことを言うと、販売員の試験を受けたときも、「私、新幹線に乗る」「乗って東京サ行ぐ」って思ってました（笑）。

——女優としてではないけれど、カリスマ・アテンダントとして、テレビをはじめマスコミで茂木さんをよく目にします。

そのせいか、このところ、講演の依頼が少しずつ増えてきて。声をかけてくださるのは、同じ販売業界だけでなく、学校の先生たちであったり、呉服屋さんであったり、学生さんであったり、もういろいろです。

みなさんがくださるテーマは、売上げ何十万の秘訣とか、不況に負けるな、などがやっぱり多いです。何を話したらいいのか、これまでにいちばん悩んだのは、「なぜこの人から、ヒトは買ってしまうのか」。それって自分で話すのに、あんまりにも難しくないですか？（笑）

私自身、まだ途上だと思うから「サービスはこうだ」って断言できないし、第一、良いサービスはそのときどきのお客さまが決めることだから、正解はないと思うんです。だから、自分はこうやっていますってことしか話せないし、話しちゃいけないと思います。

以前、大学で講演して、学生たちからレポートをもらったことがあるんです。そのレポート、私の宝物なんですよ。だって、みんなのなかでは、茂木先生じゃなくて、むしろ「茂木さんさぁ」みたいなノリ。正直だったんです。

たぶんそのとき「私は馬鹿でも、こんなふうにして仕事してる。そしたら、すごく楽しいよ」っていうような話をしたと思うんですが、やはりみんな感じ方が違っているのがおもしろいですよね。レポートの中には、「私はもうダメだ。実は今日来るときに、車をぶつけました。帰ってからどうしたらいいいんだろうって迷ってます」。ええっっ‼　心配になってさらに読んでくと、「それに比べてそれほど年齢が違わないのに茂木さんはすごい。自分もがんばります」ってあって、ほっと安心したりして。

そのほかには、すんごい上から目線の、きびしい内容のものもあって、それもまた楽しかった。だって、初対面の人から自分はどう見られてるのかって、あらためてわかるでしょ。ああ、自分にはこういう側面があるんだと、講演の場で初めて気づくこと、よくあるんです。

——実体験を語る講演をなさるんですね。

いいえ、それだけでなく、今、2パターンやってるんです。もうひとつは参加型って言ったらいいのか、聴きに来てくださった方に、実際に会場で実践していただくというようなものなんです。「伝える」とか「コミュニケーション」ということをあらためて考え直せて、私自身も楽しい方法です。でも招いてくださる方は、私が一方的に話すほうを望まれることが多いです。どちらにしても、「伝える」ことは楽しいから、今は「売りたい」より、後輩の指導を含めて「伝えたい」が少し強くなったかも。とてもやりがいを感じています。

講演が増えるにしたがって、いろんな人にもっともっと本を読みなさいとアドバイスされることも多くなりました。つまり専門的な用語を使って、もっと知的にスマートに話しなさいという意味だと思うんだけど、今のところそういうアドバイスは、あえてシャットアウトしてる。だって、他人の本を読んで「あ、このことば、このことば」っていいのが見つかったら、その本を丸暗記して、まるで自分の考えみたいな気になって伝えてしまいそう。そういう自分が怖いの。だから「なんとかサービス」とかそういう類の本、私には危ない危ないって、思ってるんです。

たとえば、さすがの私でもこの仕事をしている限りは、ＣＳ（顧客満足度）という単語などは知っているけれど、聞いてくださってる人の中には、そんなのさっぱりわかんねえ人もいるかもしんないし。だからかっこいい難しいことばでなく、自分のことばで伝えたい。きっと頭のいい人が聞いてたら、私がもたもたとしゃべってるのは、あれだよ、あの一言でいいんだよって、歯がゆく思うかもしんねえけど（笑）。

先生って呼ばれて講演するからには、先生にならなきゃいけないのかなとも思うけど、だけども久美子は先生じゃないし。なんだろうね、うーん、でもやっぱり本は読んだほうがいいんでしょうか。

――講演を通じて、いちばん伝えたいのは何ですか。

ん〜、何を伝えるかは、自分でもまだよく定まってないけど、〝私はすごい〟ではなく〝やればできる〟ということを表現したいと思っているんです。そしてその話で、元気になってもらいたい。がんばっている人はもちろん、今、自信を失っている人がいたとしても、みんなそれぞれで、それぞれにすごいんだよって。つたない話かもしれないけど、ちょっとでも元気になってもらえたら嬉しいです。

――昔、憧れていたという女優の仕事も、「表現者」って言われることがありますね。

以前、新幹線は舞台で私は女優だと講演か何かで言ったこともあったんだけど、演技をしているっていう意味じゃないんです。お客さまの人生の物語の、ほんの端役でもいいから、ちょっとだけでも登場できるといいなって。いつか、ああ、あんなもの買ってこんな話をした販売員がいたなって思い出してくれたらいいなとか、そういうふうな気持ちです。

「まるで自分の考えみたいな気になって伝えてしまいそう」という、話すことが本業ではない茂木さんの、自分のことばで語ることに対する真摯な姿勢。これはすごいと思う。

机上の学習が有益なのは間違いないけれど、自分が生きている時間と空間のみに拠って立つという徹底した現場主義を貫いた結果、彼女の行動はオリジナルで、そのことばにはすみずみまでいきいきと血が通っている。だからこそ、乗客も、講演を聴く人も、生身の人間にふれる、くすぐったいような愉快さを感じるのではないかと思う。

山形駅から在来線で7駅目の高畠町。この町の教育委員会のご厚意で、小中学校長・教頭合同研修会での茂木さんの講演を聴かせていただくことができた。かつて、勉強嫌いや校則破りで悩ませた「先生」という立場の方々の前で、茂木さんは、実体験を織り交ぜたエピソードを、ニュアンスたっぷりの方言で展開。校長先生も教頭先生も、熱心にメモをとり、あるときはどっと笑い、またうなずき、あっという間の1時間だった。白髪混じりの先生が、講演後に語った感想が忘れられない。

「先はそれほど長いというわけではありませんが（笑）、明日からがんばろうという気持ちにさせてくれました」

校長先生にそう思わせた茂木さんもすごいし、率直にそう感じることのできる先生もまたすごい。張りぼてではない茂木さんのことばが、人生の先輩たちの心の深いところにまっすぐ届き、講演という形をとったコミュニケーションが生まれていた。

NRE山形営業支店の人間関係

——土・日曜や盆・暮れ・夏休みという、ふつうの人がお休みをしているときに多忙というお仕事ですが、まとまったお休みがとれたら何をしたいですか？

ふつうに、友だちとのんびり飲みに行きたい、かなあ。絵描きとして食っていこうってがんばってる子とか、映像撮ってる子とか、夢もってる友だちが多いんです。そういう子たちと話してるときは、すごく話が膨らんで楽しいです。

——会社の仲間と遊びに行くこともある？

ありますあります。

——職場の人間関係はどうですか？

ほとんどが女の子なんですが、上下関係の風通しがいいというか、良好です。「それって先輩の私に言ってるんだよね？」なんてこともあるくらい（笑）。先日の花笠のあとの慰労会の立食パーティーでは、いちばん先輩格の私とすぐ下のあかねが、なぜか率先して食べ物を取り分けてみんなに配ってたりして。私たちハッと気づいて「なんで私たちがこんなことを？」って。そしたら、私たちがやるべきなんだって初めて気づいた子もいたりした（笑）。いちばん下はまだ18歳ですか

NRE控室で花笠まつりの準備中。そうとうイケイケです（筆者撮影）

ら。まあ、私が入ったときよりマシかもしれないけど。

東北四大祭りに数えられる山形市の花笠まつり。NRE山形営業支店のスタッフも、JRの社員と一緒にパレードに参加するのが恒例になっている。祭りの当日、10代後半から20代の彼女たちの弾けっぷりはハンパじゃなく、髪は盛りまくり、つけまメイクもバッチリで、ラメはキラキラ。控室はどう見てもレビューの楽屋である。

——上司はどうですか?

ふだんは気楽ですが、怒るとマジで怖い。支店長の山川さんとは、ときどき、喧嘩みたいになります。

実はついこの前も……。ちゃんとは覚えていないんですが……、たぶん、私の電話応対に問題があったの。それ、クレームの電話で、まず私が出て、事務所にいた山川さんにつないだのですが、言いながら内心、しまったたって思ったんです。電話がすんだあと、思ったとおり、山川さん、ドカーンときた。「久美子ォッ、お前、ことばづかいが違うだろう」って。私、すぐ謝ったんだけど、なぜだか山川さん、ガーッて沸騰してしまって、「カリスマ、カリスマってちやほやされて、いい気になってんじゃないか」

そしたら久美子も切れちゃって、「カリスマなんて、自分で言い出したんじゃねえ。最初、山川さんが久美子をそうやって外に出したんじゃないかあ」って。私がなんかこう大声出してる間に、山川さん、あれ、さっきこの子は口答えしたんでなくて謝ってたんだって気がついたみたいになったんだけど、なんか私もキレちゃって「もういいです！」って、拗ねたんです。

そのあと私、当日の集計をしながら事務所にいたら、先に帰宅した山川さんから電話がありました。まずは事務連絡があって、そのあとに、「さっきはゴメンな」って言ってくれて。このままだったら私もどうしようもなかったけれど、もう一度、ちゃんと謝る機会を作ってくれたの。嬉しかったなあ。

あのね、山川さん、昔、久美子のためにおいおい泣いてくれたことあったんです。あのころ、彼氏のこととか両親のこととか、いろいろ悩んでいるときで、出社はしたけれど、どうしても新幹線に乗れなくて。でも列車は待ってくれないでしょ。たぶん山川さんが大急ぎで連絡とって、誰かがピンチヒッターで乗ってくれたんだと思う。

そのあと1時間ぐらい、当時はもっとずっと狭かった事務所の床にぺたんとふたりで座って、しゃべったんです。こうこうこうで、今、いろんなことが辛いんだって、私、山川さんに心の中をぶっちゃけてるうちに、なんだか堰が切れたみたいになって、自信がなかった昔の自分のことか、山川さんに認めてもらってすごく嬉しかったっていろんなこと思い出して言って泣いちゃって……。したら、山川さんももらい泣きみたいにボーロボロ泣きだしちゃって。しかもちゃんと聞いてみたら、自分のこと思い出して泣いてるの。家庭のこともあったべさ、子育てとか、久美子なんか比べものにならないくらい、何倍も大変だったべさ。山川さんが話してるの聞きながら、自分のことを飾らないでこんなに話してくれる人がここにいる、自分のために泣いてくれる人がここにいるって思ったの。

そのあと4～5日お休みをもらったかな。休む前に山川さんに言われたのは、「そこまで疲れて気持ちがいっぱいいっぱいなら、家での～んびりして、空見て、ああ、今日は天気いいべなと思ったり、この雑草、なんて名前だべとか、まずゆ～っくり、たぁだ外を見なさい」って。そのときは意味がわからなかったけど、悩むことも大事だけど、違うことに気持ちを向けなさいってことだったんだと思います。

支店長と床にぺたんと座ってふたりで泣いた話を始めたとき、茂木さんの瞳からポロポロッと丸い涙がこぼれ落ちた。次いで、「山川さんったら、自分のことしゃべって泣いてた」と言いつつ、思い出し泣き笑いした。

山形営業支店のアテンダントは、ただでさえ悩み多い年ごろの女子ばかりだ。しかも連日、見知らぬ乗客の視線にさらされ、体力的にもけっして楽ではない。弾けたり、ぶっとんだりしている表の顔の下には、人には言えない思いを、きっとたくさんねじふせている。

NRE山形営業支店の女子力

山形営業支店のスタッフは現在約30名で、ほとんどが女性。そのうち車内販売を行なうアテンダントが約20名。現在、茂木さんの次にキャリアが長いのは、花笠まつりの話にも登場した志村あかねさん。大柄で小麦色、パアッと華やかでエキゾチックなアネゴ系で、新幹線の車内という画面サイズにはどうも収まりきらない雰囲気。彼女にもやはりかなりオリジナルな販売方法があるという。

――志村さんのご出身は山形ですか？

赤湯生まれの赤湯育ちです。

――レディーに年齢を聞いてもいいですか？

昭和54（1979）年生まれで、今年30歳になります。

――この仕事を始めてどのくらい？

えーと、7年ぐらい。

――ユニークな販売トークがあるとか。

「イカすイカ、いかがですか〜」ですかあ？　あれ、乱発しすぎて「ん？　君、先週も乗ってたよね」ってことになったりしちゃってる。そういうお客さまが、私が何言うか何言うかって楽しみにしてくれてるってわかると、もうひとつ買ってくださったら何か言いますよってプッシュしたりしてる。

あ、でもね、「イカ、いかがですか」は、のべつ言ってるわけではなくて、そういうノリがいいかなと思う席だけですよ。今、このフレーズは何歳ぐらいのお客さままで通用するかって、個人

自「遊」人の志村あかねさんも、コミュニケーション力抜群（著者撮影）

的に調べを進めてるところ。そうそう、交際費ご担当かなと思われる方がいらっしゃるような席では、積極的に高いものからおすすめします！

——お互いに顔を覚えている常連さんがいるんですね。

はい。今日の乗務でもいらっしゃいました。

この方はどんなときもサングラスしていらっしゃって、一目見たときから覚えてしまうほど特徴的な方。なぜか下りでしかお会いしなくて、いつもコーヒーとサンドイッチ買ってくださるんです。

あるとき「サンドイッチ」と声をかけてくださったので、いつもの習慣でミルクなし、お砂糖1本を準備してコーヒーも注ぎかけたのですが、コーヒーは買ってくださらなかったことがあったんです。で、思わず「今日はご入り用じゃありませんか？」って尋ねたら、じゃ、もらおうって買ってくださったんですけれど、その後、何度通りがかっても、余ってしまっていた。何気なくかけた私のひと言が押し売りになってしまったのかもと反省して、その後はサンドイッチとコーヒーがセットでなくても、言わないことにしてたんです。

今朝も最初はサンドイッチだけだったのですが、ずっとテーブルに置いたままになっていて、何往復目かにコーヒーを頼んでくださった。ああ、この方はサンドイッチは早めに売り切れてしまうことをご存じで、だから先に買っておいたけれど、今日は温かいコーヒーと一緒に召し上がりたかったんだって、お客さまの気持ちの動きがわかったら、なぜだか嬉しくなりました。

——「いつもの」と言える行きつけの店のようですね。

必ずコーラを買ってくださる方がたまたまポカリスエットだと、あれ、体の調子が悪いのかしらなんて思うし、いつもコーヒーの方がお茶だと、お腹の具合がおかしいのかなあと心配になり、思わず「お寒くないですか」なんて尋ねたりしてしまう。たいてい、「いいえ」なんて言われちゃうんですけどね（笑）。

——マニュアルではない、相手に合わせたことばがけですね。

今みたいなお盆前は、人はお金を使わないんですよ。それからクリスマスの前もお金が動かない。そういうときはピンポイントで売りたいじゃないですか。だからこのところ私、毎日ひとりクイズ大会してるんです。このお客さまだったら何が向いているかなって。

たとえば、おばあちゃんだったら「薄皮饅頭いかがですか」って声をかける。車内放送はしているけど、お年寄りはそんなことにあまり耳を傾けていないから、直接お声がけすると違います。「え、あるんですか?」となります。

薄皮饅頭のいいところは、それが何なのか説明しなくていい点。うちで売っている商品でとても人気のあるシベールのラスク　フランスでも、「それ何？」と聞かれることもしょっちゅうで、「ラスクっていうのは、揚げたフランスパンです。おいしいですよ」ぐらいの説明になるでしょう。これで買いたいかどうかといえば、ビミョーですよね。だからラスクは最初から知ってらっしゃる若いお客さまや、会社におみやげをお持ちになるかなあという方におすすめします。同じように、若い人には紅花ふうき豆のハードルは高い。地元でも評判の逸品なんですけど、やはり尋ねられたら「甘い煮豆です。おいしいですよ」ですもん。

お弁当なんかだと、「どんなのがあるの？」と尋ねられることがよくあるんです。「牛肉だと3種類あります」と答えてるそばから、「じゃ1個ずつ」って、家族全員が同じ牛肉関係のお弁当に決められるとするでしょ。私、「ああっ、それはヘビー！　箸休め入れといたほうがいいよ」って思って、「ひとつぐらい幕の内いかがですか」っておせっかいだと思いつつ言っちゃう。でも山形新幹線の売りは牛肉のお弁当だから全員牛肉になり、次に回ってきたときに持て余しちゃってるの見ると、「やっぱり……」って。

——ひとりクイズ大会正解。

そう！

——仕事、楽しいみたいですね。

はい、楽しいです。

――後輩の指導もなさるんですよね。

18歳の子とかいます。一回り違いますものね。ことばづかいとか常識を教えてあげなきゃって思うところがあったりもするんです。私、若いときは勢いで何でもできると思ってたから、そんな自分と比べたらあの子たちのほうがずっとましなのかもしれないのですが、でも気になるじゃないですか。けれど、「あかねとか久美子とかの先輩が直接に言ってしまうと、女同士の世界ではみんなの気分がつられてしまうから、言わないようにしようね。そういうのがあったら、まず私に言ってね」って山川さんが言ってくれるんです。

――じゃ、悩みなどはない？

私、悩まないほうなんです。悩んでる友だちの相談を受けて、「ねえ、それって、悩みたくて悩んでるんじゃないの」なんて言って、怒らせてしまうこともある。赤湯って、そういうふうにはっきりモノを言ってしまう人が多いんです。

そうだ、う〜ん、悩まないというより、忘れちゃうのかもしれない。「昨日、私、すごく怒ったよね。なんでだったっけ？」と尋ねて、説明されて思い出し、もういっぺん怒ったりするくらい（笑）。

それでもやっぱり煮詰まることは、ときにはありますけど。

——そういうときは、どうリフレッシュする？

休みをもらうんです。私、ダイビングが趣味で、ひとり旅でオーストラリアとかバリとか、けっこう長期行きたい派なんです。

自分自身が旅行好きだから、旅行している人の気持ちがすごくよくわかる。一所懸命働いて楽しみにして自腹で出かけた数日間の貴重な時間ですから、くだらないことで不愉快な思いをさせたくないじゃないですか。だからお客さまの旅行の一部になる、じゃないですけど、あのときの販売員さん、気持ちよかったなと思ってもらえる販売をしたいんです。ま、言うほどには、なかなかできてないですけど（笑）。

——よく長期休暇がとれますね。

そこなんです！　支店長の山川さん、「お前みたいに自分で働いたお金を自分で使えるなんて幸せなことなんだよ」って言いながらも、私がそういう子だって知ってるから、会社には「鉄道の勉強に行きたいと言うので」なんて言って、通してくれてるらしいんですね、ウワサに聞くところによると。まあ、会社もわかってて許してくれているのかもしれない。だからその恩に報いるために、たくさん売るぞって気持ちになります。

――理解のある上司ですね。

突然、列車が揺れて、お客さまにコーヒーをこぼしてしまって、クリーニング代を請求されたことがあったのですけど、不可抗力というか、そういう失敗のときは、山川さんはけっして叱らないんです。「今度から気をつけて」って言うだけ。

――茂木さんは、ときどき山川さんと喧嘩すると言ってましたが。

私もあります。以前、「私が女だと思ってバカにしているのか?」って叱られたことがあるんです。私はそんなつもりなかったんですけど。当時、NREの女性支店長って山川さんだけだったらしくって、風当たりがキツかったり、辛かったりしたこともあったのかもしれません。だから私、山川さんのことを女にしてやりたいんです!

――女にするって?

えへへ。そのときは、「私が男にしてやる!」って思ったんです。でも2~3年ぐらい前に、定年も過ぎたんだし、もうそんなにがんばらないで、もうそろそろ女に戻ってもいいんじゃないかって(笑)。だから、ミスして負担かけないようにしてます。

アテンダントの仕事って体力的にキツくて、そうそう長くはできないじゃないですか。車内で今の給料の倍を出すってハンティングされることもあって、私、転職を考えたこともあるんだけど、山川さんがいるうちは続けたいと思っています。

最近、志村さんをやきもきさせた新人は、清野ちえさん。

「だって、見習い初日に背中も伸ばせないくらいきっつきつのシャツ着てくるわ、愛嬌ない声だすわで。『峠の力餅、いかがでございますかっ』ってお客さまにおすすめするのも、ほんとに力が出そうな、どすこい調。見習い2日には、この子、まじ、ひとりでのせたらヤバイって。ほんと、清野クンはひとり立ちさせるの心配だったんです」

と志村さん。ことばは遠慮がないが、底に温かくて健やかな感情が流れている。

山形営業支店のアテンダントは、キャラクターが揃っている。茂木さん、志村さんは、自分らしさを前面に押し出しているが、かなり違うタイプもいる。

たとえば大岩ようこさん。売上げを伸ばすことと同時に、会社全体の損益に目配りするクールビューティーだ。透けるような頬に笑顔を絶やさないもの静かな日本美人で、派手なキャラクターではないけれど、じわりじわりと存在感が広がってくる。なにしろ早朝から事務の仕事をすませたあとに、ダブル（山形〜東京2往復）を2日連続でケロリとこなしたりもしてしまう。準備をすっかり整えて、ホームの外れで乗務に備える彼女に話を聞いた。

——大岩さんのワゴンは、すごく整理されていて、すっきりきれいですね。

私のやり方は、量をたくさんではなく、店にあるものを全種類持っていくってのを基本にしています。ですから他の人と比べて、品数がかなり多いと思います。お茶だけでも3種類。お茶くださいと言われたときに、「これとこれとこれがあります」と提示して、お好みのものを差し上げるようにしています。

——サンドイッチをずいぶんたくさん積んでいますね。

私はお弁当よりサンドイッチを売るのが得意というのがあって、サンドイッチの勝負時間でなくても、多めにもらっていきます。それには駅弁の廃棄率を下げたいというのもあるんですが。

——サンドイッチといえば、コーヒーも出ますものね。

ホットでもアイスでも、コーヒーのような加工品は利益率が高いので、なるべく力を入れます。ウイスキーでも缶じゃなくて、水割りとかハイボールありますよっておすすめしています。そのほうが、みなさん喜んでくれますし。

——小さな百貨店ですね。

このやり方だと品数は多いけど、実はあんまり重くないんです。重いワゴンでがんばりすぎると、体が続かないから。そうするとにこやかに接客できなくなるでしょう。

――今までいちばん印象に残っているのはどんなことですか？

うーん、そうですね。いちばんいいことと悪いことが一緒にあったんですよ。悪いことは、天候の関係で列車が止まってしまって3時間も缶詰めになってしまったことです。いいことは、そのせいで積み込んだお弁当240個も飲み物もすべて売り切れ、ワゴンが空になりました。40万円の売上げでした。

――最近、アルバイトから契約社員になったそうですね。

私は久美子さんのように「一芸」がありません。だから着実に仕事をして実績を積んでゆきたいんです。

この日も前日に続いてダブルだそうだ。えっ？　と驚くと、「大丈夫ですよ～」と柔らかく笑って乗っていった。

大岩さんを見送ったあと事務所に戻ると、乗務に備えてワゴンを作っている子がいた。井上千秋さん。NREのユニフォームより高校の制服のほうがまだ似合いそうな初々しさだ。研修を終えてひとりで乗務するようになってまだ半年目だが、連日の勤務で磨かれ、先輩たちにも見劣りしないほど、動きに無駄がない。

ペットボトルを収めるケースに、丁寧にペーパータオルを敷いている。初めて見るパターンだったので理由を尋ねると、ワゴンでは冷蔵庫でなく、氷でボトルを冷やすため、どうしても表面が水滴で濡れて、ポタポタ落ちる。それを少しでも防ぐためだという。早くも自分なりのこだわりスタイルが確立しはじめている。「今日はお休みの日だし、車内で酔っ払う人も多いのではないですか?」と尋ねたら、

「嫌だっていう子もいるけど、私はそういう人と話すのもけっこう楽しいです」

うーん、頼もしい。

カリスマと呼ばれるほどの販売実績を誇る茂木久美子さんを生んだ山形営業支店には、ワゴンを自分の店として生き生きと働くスタッフが、実はほかにもおおぜいいた。先の見えないこの時代、ご多聞にもれず、彼女たちの多くも不安定な環境で仕事をしている。それは一企業の問題というより、現代日本全体に重く垂れ込めた問題だ。けれどそんなことはおくびにも出さず、笑顔を絶やさず、新幹線という空間に、潤いを与えてくれている。

ともあれ、彼女たちが独自の販売スタイルを生み出し、それぞれに注目すべき業績を上げることができる背後には、自分らしく考え、ものを言い、考えついたアイデアに挑戦してみることのできる山形営業支店の自由な空気があるようだ。彼女たちの働く姿を見、話を聞くにつれ、どうもそう思えてきた。

さあ乗務。準備万端のアテンダントが列車に向かう

第2章

支店長はゴッドかあちゃん

新聞や雑誌、のど飴やガムを買ったりで、なにかとお世話になっている駅の売店。ここでアレを買おうといそいそ目がけて行くタイプの店ではないけれど、店がなければないでなんだか寂しく物足りないものだ。列車まで待ち時間があるときには、時間つぶしにぶらりと入っておみやげ品を眺め、へえ、この町の名物にはこういうのがあるんだと人文地理的な見聞が深まったりして、プチ物産館的な役割も果たしてくれる。

山形営業支店の一日

山形駅の新幹線ホームには、JR東日本のグループ会社のJR東日本リテールネットが運営するニューデイズと、NREの売店がある。NRE売店は前章でも述べたように、売店であり、駅そば店であり、車内販売の倉庫でもあり、多彩な役割を果たしている。コンビニエンスストア的位置づけのニューデイズでも開店は6時なのに、こちらは一年中、毎朝5時30分に開店。早朝から深夜まで、新幹線ホームのオアシスになっているNRE売店を中心に、山形営業支店の内勤の日常に密着してみた。

4時　新幹線ホーム売店

夏でもまだ夜の明けきらない午前4時すぎ、山形駅新幹線ホームの外れにある売店にポッと明かりがつく。泊まり勤務の社員の出勤だ。今朝の担当は斉藤厚さん。コーヒーを落とし始めると、豊かな香りが広がり、まだ硬い朝の空気を解きほぐしていく。

斉藤さんは、現在、入社3年目。細いフォルムのメガネとピンピン立てたヘアスタイルがよく似合うイマどきの若い子だが、いわゆる「若者ことば」ではない丁寧なもの言いで、穏やかな笑顔を浮かべながら、決まった仕事をさらりさらりとこなしている。

こうした泊まり勤務のほか、車内販売用の商品を列車まで輸送する力仕事に携わる山形営業支店の男性スタッフは、いつもやさしい微笑みを浮かべた鈴木邦夫副支店長、トークの軽妙な愛称つるおちゃんこと井上鶴男さん、斉藤さんの3人。お盆などの繁忙期には、退職したシニアスタッフのトメちゃんこと留場亮一さんがヘルプに入る。キャラ立ち女子ばかりの賑やかな職場で、にこやかに淡々と確実に仕事をこなしてゆく様子は、カラフルできれいだけどけっこう獰猛だったりもする熱帯魚の水槽にいる、タツノオトシゴみたいに癒し系の存在だ。

山形営業支店の女子たちは言う。

「斉藤君っていい子だよね。ねえ、コレやって〜って頼むと、ニコニコしてなんでもやってくれるの」

男性スタッフの活躍がアテンダントの業務を支える

「ちょっとお、ダメだよ。彼女がいるんだから」

「鈴木副支店長も優しいよ。乗務するとき、あっ、忘れものしたって言ったら、車販入口の11号車から倉庫まで走って戻って取ってきてくれる」

聞いていた支店長の山川さんは、

「男が優しいから、山形の女は、ほんとにワガママになる」

「だって、やってくれるんだもん。『そんなの自分でやれ』って言われたら、私だって『はい、スンマセン』って自分でやるけど」

「つるおちゃん」はどんな存在？

「つるおちゃん、最高にすっごくいいおじちゃん！　みんなで芋煮会すっぺって率先してリーダーシップとってくれたり」

優しいってことは強いこと。キラキラ熱帯魚系女子たちが元気に泳いでいる裏には、穏やかでしっかりした彼らの存在がある。

5時　新幹線ホーム売店

そばやうどんの茹で湯を煮立てて、スープの準備を整え、おみやげ商品を載せたワゴンを店頭に出してカーテンを開くと、だいたい5時。輸送の準備のために斉藤さんが売店を出るのと相前後して、白いTシャツに黒いエプロン姿で支店長山川さんが到着する。

白か黒かどちらかを着用するのが、乗務以外のときのNRE山形営業支店の制服。これにしようと、みんなで決めたそうだ。「なぜ黒か白に?」と尋ねたら、「締まって見えるから」。なるほど。女性にはだいじなポイントですね。

さっそくお掃除スタート。ドリンク類の冷蔵庫、ショーケース、ガラス窓をすべて拭き上げたら、床をデッキブラシで徹底的にゴシゴシ。それがすんだら、店頭の鍋で玉こんにゃく用のつゆを煮だし始める。醤油色のスープの中にドデンと大胆に寝かせたのは、スルメイカだ。

「この、少しクサいみたいなイカの匂いがしないと、山形のお客さんは満足しない」そう。

ああ、納得! 玉こんにゃくの、あの独特の野太い風味は、スルメイカだし汁のせいだったのか。「暑くても玉こん、寒くても玉こん」、山形県民のソウルフードには、スルメイカの隠し味が欠かせない。

続いて浅漬け用の野菜を切り始めると、たちまち店内に涼しい香りが広がった。スーパーの店頭にはまず並ばない、曲がっていたり大きく育ちすぎたりしたキュウリたちが、みずみずしい切り口を光らせながら、年季の入った銀色の巨大なボウルにみるみる山積みになってゆく。忙しく手を動かしながら山川さんは言う。

「キュウリもそろそろ終わりだから、浅漬けも今年はあと何回やるかな。山形の夏は暑いけど、ほんのいっときのこと、涼しくなると寂しくなるよね」

ときどき、「おはようございます」と言いながら、中年のおかあさんたちが店に入ってきては、カウンターの上の紙に何か記入してゆく。

「今、いらっしゃったのは、森弁当部の方たち。来ましたよというチェックシートがここに置いてあるんです」。森弁当部とは、山形駅の駅弁を製造している業者さんだ。

それもこの売店でなさってるんですか？

「ここでは、もうなんでも。同じ駅の仕事だし、朝4時から夜11時まで開いてるのは、うちだけですから」

5時30分、自動改札が動き出す。同時にNRE売店も開店だ。

6時　新幹線ホーム売店

黒Tシャツ、黒パンツで、早番の羽川恵美子さんが店に入る。店外でひと仕事終えたあとのようで、軽く汗ばんでいる。

羽川さんは山形営業支店の次長である。秋田で採用され、のち仙台に異動して花形の幹線特急で勤務。東京の本社を経てここへ来たという幅広いキャリアの持ち主だ。法律的なこと、全社的なことなど、山川さんは必ず羽川さんに意見を求め、キャラの異なるふたりが力を発揮する場所の住み分けがみごとにできているように見える。

羽川さんは上背があり、体育会系の部長のような趣を漂わせていてカッコよく、リングシューズなんかも似合いそうだ。けれどお顔を見ると輝く美肌の持ち主で、さすがは秋田出身なのである。無口で口元をいつもきりりと結んでいるので、うっかりアホなこと話しかけたりしたら叱られそうだけど、実は話すときに少女みたいなはにかんだ笑顔になるのが、かわいらしい。女性社員のなかでただひとり男性と同じ泊まり勤務もする。どうしてですかと尋ねたら、

「体を動かして働いているのが好きだから」

明快だ。

「そばなんかできる?」

急ぎ足で入ってきた開店早々のお客さんが、椅子に腰かけながら尋ねる。

「冷たいだしそばいかがですか? 夏だけの限定です」と山川さん。

「んー、そうだな、今日はかけでいいや」

「かしこまりました」

「だし」とは、キュウリ、ミョウガ、ナスなどの夏野菜を細かくみじん切りにしたものに、粘りの出る細切りの昆布と調味料を加えたもの。冷やしておいて、白いごはんや冷やゃっこなどにのせると、食欲減退しがちな夏でもさらさら食べられる。山形の夏を代表する味覚だ。「だし」の説明が要らないところをみると、地元の人だろうか。さらさらとたぐり、

「ごちそさん」と出ていった。

山川さんってば、お客さんと話すとき、ふだんと声が違いますよ、とつっこんだら、

「電話に出るときは1オクターブ上がる。いいオトコには熟女の声が出る。あはは」

飲み物を買うお客さんが、ちらほら増えてくる。きりっと制服を身につけた朝いちばん乗務のアテンダントが、コーヒーポットを積み込んでいる。群青だった空の色が、いつのまにか白く明るい。

♪ポンポンポーン。間もなく2番線に列車が入ります。黄色い線まで下がってお待ちください。

間もなく2番線に列車が入ります。黄色い線まで下がってお待ちください。

駅も本格的に始動。今日も暑くなりそうだ。

9時　新幹線ホーム売店

キャスター付きのトランクを引きずり、荷物でパンパンにふくらんだリュックを背負い、大きな紙袋をふたつも提げたボワンと大柄な青年が入ってきた。年のころは20歳前後。男のひとり旅にしては荷物が不釣合いだし、坊ちゃんカットも、体格とビミョーなミスマッチ。服を着た平成の山下清？　聞けば、荷物の中はぜんぶおみやげのそばだという。有名なそばなのかと思ったら、ちらっと袋の中を見せて、

「駅前のスーパーで買ったんです」

「あらあ、うちの岩波そばもおいしいですよ」

と山川さん。

「はあ……」

と店内を見回すものの、残念ながらサイフを出す気配はないようだ。何か買いに来たわけでもなさそうだし、どうしたのだろう。青年はしばし躊躇の表情を見せたあと、座ってもかまいませんかと思い切ったように尋ねると、カウンターの高い椅子に座って持参のペットボトルのお茶を出して飲みだした。山形から郡山まで新幹線で行き、そこからバスで東京に帰るそう。それがいちばん安いんだとか。そうかなあ？？？

新幹線発着時間近くには、大忙しになる新幹線ホームの売店

「自由席だから、そろそろ行かなきゃ。ありがとうございました」

ふたたびそばだらけの大荷物に四苦八苦しながら、山下清は店を出て行った。うーん、謎の青年である。でも山川さんや羽川さんにとっては、この程度の不思議さは、日常なのだろう。それぞれに物語をもった旅の人が、365日、駅には往来している。

「あ、スモッちさん、来た来た」

スモッちさんとは、天童にある燻製温泉たまごの製造元・半澤鶏卵のニックネームのようだ。独特の薫香のある白身を割ると、中からトロリとした黄身が現れるオリジナル商品「スモッち」の納品である。これも山形新幹線の人気商品のひとつだ。

壁掛け電話がけたたましく鳴り響く。乗務中のアテンダントから追加注文の連絡だ。列車との連絡をすべて店舗で行なうのは、事務所にずっと座っているスタッフを作るほど人員に余裕のない山形営業支店独特のやりかただそうだ。電話はたて続けに2回鳴った。

「109がフィーバーしてる」と羽川さんがメモをとりながら言う。

「今日はだれ?」と丼を洗いながら山川さん。

「沼澤奈津美と星川沙弥」

109とは、東京駅9時24分発の新庄行き「つばさ109号」。8月の週末の朝の下り列車で、売行きに火がついている。

お弁当は、車内で予約が入った数のほか、車内の雰囲気などを見ながら、余分も見込んでアテンダントが追加注文する。この数の設定がかなり難しいと山川さんは言う。

「弁当は数に限りがありますので、できれば予約してくださいと車内で放送もするんですが、売切れ状態になったりすると、『何年も楽しみにしていた新幹線の旅に出て、評判の弁当を買おうと思っていたのに買えなかった。あなたのおかげで旅が台なしになった!』とクレームになる。せめてもう少し早めに言ってくださればって思うんですけど、実際には申し上げるわけにもいかず、ただ謝るしかない。こっちも辛いですよね。といって、多く取りすぎれば、廃棄につながってしまうし」

仕入れた駅弁が売れ残れば、山形営業支店が買い取る。この予備の数の設定にも、慎重派あり、ギャンブラーあり、アテンダントの個性が出るそうだ。

12時　事務室兼アテンダント控室

山川さんは難しい顔で事務をかたづけている。周りでは乗務を終えたアテンダントが、つり銭を計算したり、パソコン前で日報を入力したりしながら、勤務を終え、ほぐれた安堵感のなかでおしゃべりしている。そこに補充の商品を運んで、井上鶴男さん登場。

「あっ、つるおちゃ〜ん」

黄色いコールがかかる。

ワゴンの補充をしていた東京営業支店のアテンダントが、新聞を小脇に抱え、コンビニ袋を提げて控室に入ってきた。

「ああ、サンドイッチ食べようと思ってたのに、売り切れてたよぉ」

と彼女は言うと、コンビニ袋からヨーグルトを出した。テーブルの上に置かれた誰かの差入れ

「このダイエットサプリどうかなあ？」。休憩室は女子トークでいっぱい

らしい温泉饅頭を手にとりながら、いそいそと新聞を開き、「え？」と短く言う。今度はバラバラとすべての面をめくってみて、「えーっ‼」と叫ぶ。

「楽しみにしてる連載がお休みだあ」

この日の紙面は、アイドルの覚せい剤事件にジャックされている。

「お客さまが読んでいる新聞の見出しがみな一緒だったから、嫌な予感はしたんだよね。もうっ、サンドイッチ食べながらこれ読もうって思ってきたのに」

プリプリしながら、「もう1個食べちゃおう」と饅頭に手をのばす。

山形新幹線に乗っているアテンダントには、東京営業支店所属の子と山形営業支店所属の子の両方がいる。こうして一緒に休憩するし、なかには

乗務後の集計も繁盛した日は楽しい

花笠まつりに参加するためだけにわざわざ東京からやってくる子もいるぐらいだけれど、どちらの支店も混乗（同じ列車に乗務すること）は嫌がるという。仕事のやり方が異なるからだそうだ。

若さの内圧で弾けるばかりの清野ちえさん出社。

「山川さぁん、ばあちゃんがコレ持ってけって」

両手で重そうにぶら提げてきたスーパーの袋いっぱいに、朝穫りの夏野菜が入っている。山川さん、デスクからすっとんできて、袋をのぞき、

「いいねえ。ありがとう。ああ、これ粘りが出ていいんだよね、うれしいなあ」

「来てくれれば、枝豆もいっぱいあるって」

「穫りにいくかあ」

「あ、そうだ。昨日、だし、すごく売れたんだって？」

「そう、だって山川さんが、だしが売れ残ったらスカートのままで逆立ちだぞって言うんだもん」

本日の売上げを集計していたアテンダントが、パソコンの画面から目を離さずに声を上げる。

山形営業支店の場合、売店のスタッフは、乗務も兼務している。

「えー！　そんなら、山川さんもやらなきゃ」

「逆立ちして、おっぱいが顔にバチンバチンってぶつかってるのが目に浮かぶーっ」

ガールズトーク炸裂だ。サカナにされても山川さん、涼しい顔でこう切り返す。

「ひとりもんばっかりで、こんな話してちゃなあ。だから山形は嫁に行くなって教育してんのって言われるんだよ」

「まだ若いもーん」

「久美ちゃんなんか、今にも嫁に行くようなことばっかり言って、全部ホントに結婚してたら、何度離婚したのかってくらい」

「予定ではぁ、そんなんじゃなかったんだよね……」

「神さまが、まだ嫁に行かんで、もっともっと仕事しろってことじゃないか？」

「それがいい。男は裏切るけど、仕事は裏切らない」

「ちょっとぉ。嫁入り前の娘にそんなヘビーなこと、言わないでくださいよ」

「まだ20歳なのに、こんなこと聞かされちゃって、かわいそうだよねえ」

「ずっと嫁行かなかったら、みんなで一緒に住もう」

「そーれは、いちばんキケンだよ」

「じゃ、店行きマース」

アラサーの先輩たちと、山川さんら〝熟女〟たちのやりとりを、にやにや聞いていた清野さんが、そう言って姿を消したあと、山川さん、

「掃除、してくの忘れたな。ちえちゃん」

と売店にダッシュ。遅番は売店に入る前に事務所の掃除をする決まりになっているらしい。山形の基本は、清掃・清掃・清掃である。叱られた清野さん、シュンとなって戻ってきて、モップを握る。


山形営業支店の1日は、まだ始まったばかり。支店というよりは、山川かあちゃんを中心に、姉ちゃん、妹、弟、親戚のおじさんなどなどが繰り広げる、ホームドラマを見ているようだ。

それではかあちゃんの話を聞いてみよう。

峠を越えて夜逃げしようと思った新人時代

——山川さんのご出身は山形ですか？

山形市の岩波です。

——ああ、売店で売っているそばの……。

そうです、そうです。岩波製麺所もここにあります。山ん中で、山形市街を見晴らせる眺めのいいところです。岩波のなかでも私が住んでいたのは、10軒だけの小さな村。つい最近、隣の村に越しましたが、それまでは、ずっとそこに住んでいました。

——血液型と星座を教えてください。

ええっ、どうして？　恥ずかしいなあ……。O型、てんびん座です。

——入社は？

昭和42（1967）年にNREの前身の日本食堂に入社しました。山形営業所開設に備えての募集でしたから、私が入ったときは山形に拠点はなくて、仙台支店の管轄でした。

同期採用の6人で仙台に研修に行ったんです。はっきりは覚えてないけれど、おそらく2週間から20日ぐらいだったんじゃないでしょうか。早番・遅番3人ずつに分かれて、食堂での実地研

支店長になっても夜明け前から玉こんにゃく作りにいそしむ山川和子さん

修をしていたんですが、そりゃあ厳しくしごかれました。仕事そのものがたいへんだったというのもあるんですけど、先輩職員がみな優秀に働いているのを見ると、あんなふうには自分たちはどうやってもできないと思えてきて、そうなると、何を言うときでもまず「すみません、すみません」が口をついて出る。忙しいときにイラッと来たんでしょうね、先輩たちが「いちいち、すみませんって言うな」と叱ると、今度はまた「はい、すみません」って具合で。精神的にも体力的にも、もうきつくてきつくて。

それで、みんなで一緒に夜逃げしようって話になったんです。6人全員、初めて会った人だったんですが、一緒に辛い思いしているから仲間意識が生まれるというのか、遅番が帰ってきてからだと終列車が行ってしまった後だけど、でもみんなで一緒に逃げよう、歩いてでも逃げよう、関山峠を越えて山形に帰ろうって話になりまして。

――え、ホントに脱走しちゃった？

逃げませんでした。あれ、どうしてだったんですかねえ……。決行しようとしていた日、たまたま山形から上司が来たのもあったけれど、それともやっぱり夜に関山峠を越えるのは、みんな怖かったのかもしれませんね。幽霊のうわさのある峠だったから。

関山峠は宮城県と山形県とを隔てる峠だ。自動車の場合、仙台〜山形間は、現在では山形自動車道が最短だが、それまでは関山街道（国道48号）が大動脈だった。天童以北については今でも最短ルートで、かつ路面もよく走りやすいので、とても峠越えの山道とは思えないほど昼夜を問わずトラックが往来する物流のメインルートになっている。

現在の国道48号は、峠の下を関山トンネルで通過する。このトンネルが開通したのは、山川さんたちが大脱走を企てた翌年の昭和43（1968）年だから、若い6人が思い描いていたのは、旧道の関山トンネルのほう。九十九折りのカーブが続く険しい山道で交通事故が多かったせいか、山川さんが言うように、幽霊の噂も立つ難所だった。

――列車に乗る仕事に就きたかったのですか？

そうではないです。日本食堂の食堂車の社員といえば、容姿端麗、眼鏡不可、身長何センチ以上っていうような規定があったんですよ。あ、私が就職するちょっと前までの話で、私のときは違いますよ（笑）。秋田県の人なんか、ほんと美人さんばっかり。山形営業所が開業するときにも秋田からひとり来たけど、その方もすごくきれいでしたね。

地元ではそんな憧れの仕事なのに、私は人の前に出るのが苦手だし、どっか、食堂車のウエイトレスなんてって思っていたところがある。親戚の紹介で試験を受けましたが、駅の売店の仕事だとばかり思っていました。そうしたら接客の仕事も含まれていて、あてが違っていました（笑）。

――秋田美人って本当なんですね。

そうですよー。隣なのに山形はもうぜんぜんダメ。

――そんなことないですよ。今のスタッフも山形出身がほとんど、すごくべっぴんさんぞろいじゃないですか。ところで同期の6人はその後も仕事を続けたのですか？

いいえ、わりあいすぐに辞めていかれました。私たちが採用されたときの上司が、何かの理由で辞めることになったときに一緒に。次の就職先をいくつか渡されたんですが、なんで一緒に辞めなければならないのか、よくのみ込めなくって納得できず。仕事一筋というわけではなかったから、ただそんな理由で私は辞めなかったんじゃなかったかなあ、と思うんですけど。

――入社当時はどんな仕事をなさっていたんですか？

山形駅が民衆駅になったときに、山形営業所も開設されたんです。私、最初は1階にあった待合室のコーヒーショップ「モカ」に配属されました。お向かいに伯養軒という商売繁盛のレストランがあって、うちの駅食（駅の食堂）は2階にありました。

そうそう、民衆駅になるっていうんで、ステーションデパートの職員なんかもみんなで屋上に立って手を振って、記念に航空写真撮ったこともありました。

昭和43（1968）年ごろに奥羽本線の急行での車内販売に山形が関わるようになったら、デスクワークしながら、一方では車内販売用の商品をホームまで運ぶ運送もやっていました。当時は台車もエレベーターもなかったから、片手に弁当、もう片手にポット、脇には氷の袋を抱えて、駅の階段を上ったり下ったり、何回も何回も。子ども産む5日前までそうやってました。

――車内販売はしたことがない？

一度だけ、秋田までの在来線の急行に乗りました。当時は手カゴでもワゴンでもなく、船みたいな形の蔓カゴに品物を入れて、前後をふたりで持って販売していたんです。前を歩く人は後ろ手にしてね。瓶がほとんどだったから重くて、身長に差があると背の低いほうに負担がかかる。あるとき、すごく身長差があるふたりがコンビを組むことになったのですが、小さいほうの方が不利だから乗らないって言い張ったので、代わりに私が乗ったんです。相手は私より後から入ってきた人だけれど、私は車販初めてだから、先輩で後輩というわけですね。

先輩の後輩、私ですね、は、もう恥ずかしくって恥ずかしくって、一言も発することができずに黙ってうつむいて行って、Uターンして前と後ろが逆になったときもまた黙って歩いて。蔓カゴの中は、瓶のファンタとビールと缶入りネクターの3種類。上に冷凍みかんと瓶入りのコーヒーミルク。もう重い重い。注文があると、お勘定するために下ろせるから、売れたのと休めるのとで、二重に嬉しかったですね。

今の若い新人さんに「恥ずかしいのは仕方ないから、長い目で見てあげたい」と思ったり、乗れないと思う子に「大丈夫、降りずに乗ってれば着く」とアドバイスできるのは、このときの経験のせいかもしれません。

「民衆駅」ってなんだろうと思ったら、国鉄と地元が共同で費用を負担して駅舎を建設し、その代わりに商業施設を設けた駅のことだそうで、いわゆる駅ビルのはしりである。話を聞いていると、エレベーターもない古臭い駅だったように思えてしまうけれど、「山形民衆駅」が完成したのは、山川さんが入社したのと同じ昭和42(1967)年。時代の最先端をゆくモダンな駅舎が職場だったということだ。屋上で手を振って航空写真を撮ったというエピソードからも、そうとうエポックメーキングなできごとだったことが伝わってくる。

昭和43年には、GNPが世界の2位に達し、日本の高度経済成長のど真ん中。「Oh! モーレツ」なんてCMもあった。日本国民全員が何かしら用事があって急いでいて、働けば未来は明るいと信じて疑わずに夢中で邁進していた時代。山川さんが大荷物をかかえて、階段を駆け上って

商業施設と一体になったJR山形駅

いた風景と、リズムがぴったり重なるようだ。

山川さんが就職した当時の旧山形駅は、かつての日本各地の大きな駅がそうだったように、駅舎の上や駅前ロータリーに、地元のメーカーの大きな看板が掲げられ、街のプロフィールになっていた。見慣れぬ地酒の銘柄を見て「ああ、遠い街に来たんだ」と感じたり、全国区のブランド、たとえば山形なら「でん六豆」の看板を見て、「でん、でん、でんろくまっめ♪は山形の会社だったのか！」と驚いたりもした。そんな国鉄時代の山形駅の面影は、ジブリ映画の「おもひでぽろぽろ」で今も見ることができる。

現在の山形駅は、平成4（1992）年の山形新幹線開業とともに落成。東北の駅百選に選ばれた美しい駅だ。橋上駅舎と呼ばれる構造で、簡単に言えば横並びのホームをまたぐ跨線橋と駅舎を一緒にしたようなスタイル。この構造だと出口がいくつかあっても改札口を集約することができ、さらに人が集まる通路を一本化できるので、駅と商業施設と合体させやすいそう。事実、山形駅も、東口と西口を結ぶ「アピカ」と呼ばれる連絡通路と一体化していて、東側はホテルメトロポリタン山形とS‐PAL（エスパル）山形がある駅ビルに、西側はやはり商業施設の霞城セントラルに直結している。

——産休を取るなんてことが、当時、できたのですか？

私は列車でなく、内勤だから産めたんです。はっきり言うと、当時は結婚する女は辞めるものだというような暗黙の空気があったのですが、なぜそんなふうに女ばかりを省いてゆくのかなと、私はすなおに納得できないところがありました。そんな私たちが子どもを産んで仕事を続けるための救世主が、当時あったコーヒーショップの「モカ」です。カウンターがあるから、お腹が大きいのがお客さまに見えないんです。その後は、妊娠してお腹が目立つようになってきたら、後輩も順番に入りました。

おおっぴらに産休や育休を取れるような時代ではなかったから、妊娠しても目立つまではひたすら隠してました。だから、重い荷物でも平気で持って歩きましたよ。昔からよく、〝妊婦にはトイレ掃除をさせろ“と言いますよね。母親が動くと子どもがあまり大きくなりすぎないし、母体の体力が落ちないし。直前まで働いていたことは、結果的にいいこととなり、安産でした。けれど産んだあとは、子育てとの両立ができずに辞めていかれた方がほとんどです。結局、子どもを見てくれる人がいないと、こういう仕事は無理です。

山形の場合、おかげさまでそれを乗り切ることができたのは、私と河合まり子さんだけです。私の場合は、育休はほとんど取っていません。お産で休んだ約１カ月の間、帳簿が滞ってしまったから、出て来てくださいと連絡がありましたので、復帰しました。

話に出てきた河合まり子さんは、昭和50（１９７５）年に山形営業所に車販担当として入社。結婚してお産をしても戻ることができ、今も山形営業支店で営業係長として働いている。河合さんに尋ねてみた。

――産休して戻っても席があったんですね。

先輩の山川さんがやったから、前例ができて許されたのじゃないでしょうか。

――勤続35年、続けてきた理由は？

仕事も楽しいし、職場の人間関係に恵まれましたし、何より健康であったからです。

新幹線がやってきた

ふたたび山川さんに山形営業支店のことをうかがっている。

――新幹線が来る前と後では違うことがありますか?

それはもう、いーっぱい、いっぱい、いろいろなことが変わりました。まず新幹線の工事をしていた2年間は、職を失うかもしれないという危機の時期で、全員がさまざまな支店に異動しました。仙台行って車内販売やってた人もいれば、福島でコックさんや食堂のお手伝いをしていた人もいます。

私はひとりで山形駅の留守番をすることになりました。最初の1年間は待合室に配置されて列車のコーヒーを補充したりして。次の1年間はちっちゃなコーヒーショップを作っていただきました。ひとりだから列車にコーヒー届けている間は、「ちょっとお待ちください」と貼り紙して走ってました。居心地よくかわいく作ってくださって、留守番とはいえ、楽しいひとときでした。けれど、一日の売上げ2万ぐらいでお給料いただいてましたから、考えてみれば給料泥棒ですよね。

新幹線開通で山形駅が新しくなりましたが、戻ってくることのできない人もありました。私は幸いにもここで働き続けることができ、今に至ります。

新幹線とともに、今まで使ってなかったコンピューターが導入されました。それまでは、何をどれだけ持っていきます、これくらい売れましたって、全部が全部、手書きの計算でした。電卓はありましたけどね。売る商品の種類も今ほどには多くなかったから、それほど複雑ではありませんでしたし。ＩＴ導入は、まるで違う世界に入った感じで、覚えて慣れるまでがたいへんでした。


——変わらないことは？


不思議なことには、車内販売の売上げ額って、昔も今も変わっていないんです。往復10万円前後。金額は今も変わらない。

山形営業所として売上げを管理していた急行との比較の話になるんですけど、新幹線開通以前は、東京までだいたい7時間程度。コーラやファンタが50円とか60円で金額は安かったけど、出る量が多かったんですね。つまり、みなさん、買ってくださってたってことですね。ビールやジュースも、今なら1～2ケース程度ですけど、その頃は10ケース単位で積んでたし、おつまみは姿イカとかで１００枚ぐらい持って行ったし。

ここ数年の変化といえば、売上げに占める弁当の割合がものすごく大きくなってきたこと。う

新型車両の登場によって次第に姿を消し、平成21年12月現在、1編成だけになっ

平成4年7月の山形新幹線開業時に登場した初代「つばさ」の400系（当初は6両編成）
た。奥羽本線庭坂～赤岩（撮影：交通新聞サービス）

ちの支店でいえば、売上げの半分以上が弁当です。ああ、それからね、不景気になると、飴みたいなのが売れるようになるんです。どうしてでしょうね。

——日本全国、サイフの紐はかたいけれど、それでも山形新幹線の売上げはダントツだそうですね。

数字のことでいえば、おかげさまで黒字です。弁当だけで1カ月に2万食以上は売ります。

——茂木さんをはじめアテンダントが優秀という条件を除けば、山形の成績がいい理由は何だと思われますか?

弁当について言えば、米沢牛のブランド名がある米沢が沿線にあるから、牛肉関係の弁当が売れるというところがあります。

それから、そうですねえ、県民性もあるかもしれません。私たち山形の人間は、ふだんの生活が質素。食事なんかも、結局、お漬物とか保存食なんかを食べてて。でも出かけるとお金を使うんですね。格好つけるというか。とくに女の人が使う。「ここは私が出す」みたいな。だから列車の中も活気があるんでしょう。それとやっぱり、田舎なんでしょうか。列車のなかで飲み食いしたいっていう気分があるんです。薄皮饅頭なんかでも、箱をバリバリと開けて食べてしまって、それがけっこうふつうなんです。とくに福島駅のあとの峠(板谷峠)からこっち側が、昔の雰囲気になるというのか。

――たしかに座席を回して対面型にしていらっしゃる方の割合が、ほかの新幹線に比べて多い気がしました。昔の列車を思い出すような雰囲気。

それと、出張などで東海道とか東北とかほかの線に乗ってみるとあらためて思うのですが、ほかの新幹線と比べて、お客さまとアテンダントの距離感が違いますね。車両が狭いから、お客さまが近いってことも、利点かもしれませんね。

そばだけは手放さない

――茂木久美子さんは、山形営業支店採用の最初の新幹線アテンダントですね。久美ちゃんが乗ると、売れることはすごいですね。

――仕事が楽しいとおっしゃってました。

ああ、楽しいことはいいことですねえ。ああいう人がいるから、うちの支店は楽しそうにする子が多いんだと思います。アテンダントは、腰掛けや時間つぶしにちょっとやる仕事にしてはきついですから。

――長続きする人が多いですか？

長く続く人とすぐにやめてしまう人の両層に極端に分かれます。だから中堅があまりいない。久美ちゃんやあかねのまえが、私なんかの世代で、ここがけっこういたりするんです。

――古参ががんばるから、人の入れ替わりが激しくても大丈夫なんですね。

よろしいか悪いかは別として、私みたいな古いのがこうしているのは……。上が変わると組織は自然に変わると思うんで、ちょっとわかりません。

――長く続く人はわかりますか。

私はね、すっごくハズすほう。面接のとき、「ちっちゃいときからこの仕事に憧れてたんです！休みも取らずにがんばります！　使ってください」なんて言われると、弱いんですよね。ところがいざ採用してみると、そういう子にかぎって忙しい土・日曜にばかり休み取ったり。あげくは思っていた仕事と違ったといって突然あっさり辞めたりする。１００キロ超すワゴンを押して、揺れて不安定な電車の中で、酔ったお客さまに何か言われたりしながら、買っていただくことにひたすら頭を下げる。そりゃあ嫌だって思う人もいますよね。縁があって一緒に働いても、何百人って別れてきましたよね、今まで。

でも、ベテランのアテンダントになると、新人の頃とはちがった意味で、列車に乗る前はドキドキするっていうんです。いろいろな人に出会うことが楽しさに変わると、そうなるのでしょうかね。だから裏のことは私に任せておけ、あなたたちはしっかり花を咲かせて売ってくれと言っています。

――年ごろの女の子たちばかりの職場の上司である難しさは?

若い女の子っていうのは、相手を上司だと思わないで、女同士として向かってくるんです。失敗を注意している場合でも、喧嘩と受け取っているようなことがある。本人たちは気がついてないけれど、こちらが年をとってくると、そういうのってわかるじゃないですか。だから、私までうっかり相手を「敵」と思わないように心がけています。

私は、ちっちゃいときからどっか自分に自信ないっていうか、自己主張が苦手な性格。久美ちゃんなんかもそうだけど、今の若い人って、自己主張して自分を表して、すごいなあって思う。

――先輩に直接、後輩を叱らせないで、まずは先輩たちの声を山川さんが聞くとか。

悪い空気になるといけないから。そういうことって、話せば気がすんだりするでしょう。

「田舎だし、男尊女卑の時代に育てられたから、女は前へ出るもんでないとか、主役より前へ出るなという気持ちがずっとある」という。自己主張するのが苦手と山川さんは言うが、お話を聞いていると、どうしてどうして、次々と冒険的なアイデアを出し、こうと信じたことにはけっこう頑固。まったく別の顔も見えてくる。

山形営業支店は、ユニークな試みをすることで社内では有名だという。たとえば玉こんにゃくの販売だ。ホームにただようだし汁と醤油の香り。モダンな新幹線らしからぬ匂いだが、ついふらふらと吸い寄せられた記憶のある方もいらっしゃるのではないだろうか。

――新幹線山形駅では、玉こんにゃくが名物ですね。

玉こんにゃくは、本社の方が、山形もせっかく飲食の免許を取ったのだから、仕入れて売るだけじゃなくて、地元らしいものを作って売ったらいいんじゃないかってアドバイスをくださって。山形らしいものといったら、玉こんにゃく。それにそのときちょうど赴任してこられた羽川さんが玉こんにゃくが大好きというので、記念として始めてみたんです。新幹線開通後まもなくのことです。最初、夏は休んでいたんですが、「何がなんでも玉こん」というお客さまが多くて、一年中、やることになりました。その次にやってみたのは芋煮です。これは寒い時期限定です。

平成13(2001)年ごろにはそばを始めました。ところが3年後の平成16年に新幹線用の自動改札を新幹線ホームに持ってくることになって、売店の厨房部分を閉鎖してJRさんに返却するように会社側から言われたんです。そばは手間ばかりとって採算がとれないから、やめるよう

スルメイカ出汁の玉こんにゃくは山形駅新幹線ホームの名物

にとも言われました。

けれど、そば用の人員を雇ったのでないから、新たな人件費をかけたわけではないんです。乗務までの間、やることなくてダラダラしていると、逆に仕事が散漫になってしまう。いつも緊張した状態でいたほうがいいというのが、私の考えなんです。ただ、会社としては、その間、少しでもスタッフを休ませたいという気持ちもあったのかもしれませんね。

でも水道があって、火があって、調理ができる。こういう施設を作ったことによって、いろんなことができるようになったんです。それに3年間やったことで、必ず来てくださる常連のお客さまもできていました。明かりが灯っていて、食べ物を料理しているところに、必ず人は来る。だから私、そば(厨房)だけはぜったい手放さないって言ったの。会社も、なんて頑固なんだって、ほとほと呆れてしまわれたかもしれません。

茂木さんとほぼ同じころに入社、現在、あまり乗務はせず、売店の主力として活躍し、人柄の良さから若いスタッフに慕われる荒井里香さんは言う。

「山川さんは、ほんと、ハンパでなくいろいろなことするから(笑)、しかもお金かけずに」

なぜお金をほとんどかけずにできるのか。最新の例で見てみよう。

夏の山形の味覚「だし」をのせた「だしそば」が、平成21(2009)年7月に登場した。山形営業支店のメンバーはほとんどが地元民で、山川さんはじめ、畑をやっている家も多い。「穫れすぎた野菜があったら、みんな持ってらっしゃーい」の号令で、「NREファーム(=社員の自家畑)」から、新鮮な朝穫り野菜が入荷する。だから材料費は限りなくゼロに近いというわけ。

荒井さんによれば、

「山川さんちで、だしをのせたそうめんをご馳走になったとき、すんごくうまくってえ。なんとかできないかなってことになったの」

秋だけ限定メニューの「いも煮汁」も人気

秋には「芋煮そば」を出したこともあった。ところが、市内のそば店がアイデアを盗むなと怒鳴り込んできたそうだ。山川さんたちにしてみればアイデアを横取りしたわけではなく、いつもどおり、日常のなかからの自然な思いつきだったから、最初はなぜいけないのかわからなかったそう。ところが先方は登録商標を取っているということで、泣く泣く断念。今では芋煮そばの味を懐かしむ常連さんが、どうしてもと頼んだ場合だけの、裏メニューになっている。

手作りプリンもあった。素朴なおいしさがスタッフにもお客さんにも評判だったそう。

「でもスが入らないように上手に蒸せるよ

うになったら、終わっちゃった。あれ、ちょっとザンネンだったな」

――だしそば、夏の山形にぴったりですね。

だしは、昔は県外の人はほとんど知らないものだったんですが、「秘密のケンミンSHOW」などのテレビ番組なんかでだんだん有名になってきたんでしょうね。ある日、モンテディオ山形との試合で山形に来た浦和レッズの選手に、「おばちゃん、だし、売ってないの？」って尋ねられたんです。「だしってのは、売ったり買ったりするもんじゃない。野菜刻んでだし汁醤油かければ、だしだぁ」って答えたんです。でもそんなふうに食べてみたいなと思う人がいるなら、やってみようってことになったのかなぁ……。忘れちゃったけど。うちのそうめん？　ああ、そうだったかもしれない。だしは家庭料理だから、その家ごとに味も作り方も違う。うちの店のは、私んちの作り方だから、タマネギが入ってるのが特徴。そこがオリジナルだよね。血液サラサラ効果もあるし、私などの年齢にはぴったり。

――スタッフにも好評だったプリンは、なぜやめたのですか？

ここで食べていただくことはできるけれど、なんと持ち帰り用の販売ができなかったんです。そのためには、また別の許可を取らなければならなかったんですよ。新幹線ホームの売店で座ってプリン食べる人なんて、1日に何人もいないじゃないですか。

――それにしても、次々とアイデアが出ますね？

イタズラみたいなことするのが好きなんですね、私。新しい商品考えて、それがお客さまに喜んでもらえると、うれしいし、おもしろい。

それに、手をかけたものでお客さまに叱られたことは、一度もないです。これ、不思議でしょうがないの。玉こんにゃくなんか、忙しい時間帯なんかだとうっかり煮つまってしまって、しょっぱかったり、しなびてちっちゃくなっちゃってたりすることもときどきあって、割り箸に刺しながら、「いや、こりゃ気の毒だからだめだ」って言っても、それでもお客さまは、「いい、いい」。それで「おいしいねえ」って喜んでくださる。

きれいな箱詰めのもの仕入れてきて、仕入れ額との差額で売れた売れないでやっているよりか、よっぽど楽しい。たった100円の玉こんでも、150円の漬物でもね。

だしそばが出ると、みんなお客さまに見えない腰高でこぶしを作って、小さく「よし！」ってやってる。それにわざと私に聞こえるくらいの大きな声で「はい、だしそばですね」って言ってくれる。みんなが同じ気持ち、そのこともまた嬉しいんです。

そんなことしていると、今でも会社に行くのが嬉しくって、遠足の子どもみたいにドキドキすることもあるしね。私なんかの年齢になると、ふだんの生活でドキドキすることはあまりなくなるけど、仕事でそれが味わえます。

——会社の提示するマニュアルどおりにやってれば、すむことはすむ?

あはは、そうでしょうねえ。それに楽でしょうね。売れなくても、上の指示どおりにやって、売れない売れないって言ってればいいんだから。

変わる車内販売

——山形営業所が特急の車内販売に乗務するようになったのは、いつからですか?

山形新幹線が開通する2年前の平成2(1990)年頃、福島〜山形間の特急だったと記憶しています。それまでは駅で売っていた駅弁を車内で売ったのもそのころ。ただし当時はうちのアテンダントが売ったのではなくて、みちのく駅弁会という連合会があって、各業者さんが列車に乗ってきて直接売ってたんです。山形〜米沢が森弁当部さん、米沢〜福島間は松川弁当さんという具合です。その後、線路幅を変える工事が本格的に始まってからは、仙台〜山形〜横手間の特急の車内販売を担当することになったんです。とはいえ、山形営業所のスタッフが仙台営業支店の分室として乗務するという形でしたが。

ワゴンに載せるようになったのは、その平成3年から4年ぐらいです。たしか最初はＡＢＣ弁当。米沢の名物を盛り込んだ幕の内でＡはアップルでりんご、Ｂはビーフで牛肉、Ｃはカープで鯉なんです。

新幹線開通のときは「祭り」みたいなもので、東京からいろいろなお弁当がどんどん入ってきていました。３０００円ぐらいのオードブルみたいなものまであったんですよ。山形の事務所前に廃棄台があったのですが、多いときには１００個ぐらい投げて（捨てて）あったこともあった。消費期限を過ぎたものは再利用できませんから、業者に処分してもらうのですけれど、あまりの量だったもので莫大な見積りが来たことがあります。

――廃棄とお客さまに不便をかけない供給のバランスは難しい問題ですね。

私なんかは、みんながお腹を空かせてた時代に育ったから、食べ物投げるとき、もったいなくて、ほんとにやりきれないですよ。時代が違うから、比べるのもおかしいかもしれないけど。

――山形採用のスタッフが乗務するようになったのは、いつからですか?

新幹線が開通する前の年の平成3年ごろから募集をかけ、山形新幹線の車内販売はすべて山形でやろうとした経緯はあるんですが、定員まで集まらなかったんです。それでやはり地方ではだめだということになり、東京営業支店の社員が乗ることとなり、山形で採用した数名は、山形新幹線ではなく、山形駅の売店で勤務を始めてもらいました。

ところが6〜7年たったころ、会社の方針で、地方での宿泊はやめようということになり、おたがいに乗り合いすれば泊まらなくていいのではないかという話になった。そのときに採用したのが茂木久美子で、仙台勤務になってもらっていた方々と一緒に、山形営業所としての乗務が始まったんです。数年前に東京に宿泊施設ができ、今ではうちの子は泊まり勤務がありますけど。

――話は変わりますが、販売する商品は、現場から提案することができるのですか？

もちろんです。メーカーの方から売り込んでくるものもあるけれど、現場から上げることもある。それがおもしろさでもあります。

シベールさんのラスクは、最初、「うちは営業方針で卸はやりません」って断られてしまったんですよ。そうかあ、残念だなあって思ったのですが、その後、先方からお電話をいただいて、ありがたいことに実現したんですよね。聞くところによると、実は社長の夢のひとつが、自分の作ったお菓子を列車の中で売ることだったそうなんです。

ラ・フランスのジュースもそうです。あれは100パーセント果汁で、しかも濃縮還元でないから特別においしい。最初、親戚でいただいて、あんまりおいしかったからこれ何だって尋ねたら、組合にしか出さないものだっていうんです。もともと農家の人たちが、自分たちだけがおいしいもの飲むために作ったもんなんですよ（笑）。まあ、それは冗談ですが、業者にかけあってそれを販売用にもってきたんです。パッケージなんかも考えてペットボトルに詰めて。そしたらバッチリお客さまに受けた。今でこそほかの業者さんもけっこうふつうに販売しているし、一年中買えるけれど、うちが販売はじめた当時は、季節限定でした。

サクランボもそうです。最初は果物屋さんから仕入れていましたが、農家に直接お願いするようになったら、かなり利益が出るようになった。ラ・フランスやサクランボはきちんと温度管理しておけば、おいしいままで保存ができますから、かなり長期間売ることができます。

新しいことに気軽に挑戦し、だめだとわかると即撤退。ゲリラ的というのか、フットワークが実に軽い。女性ならではの、形式ばらないスタンスだ。

それができるのは、膨大な原価をかけていないせいもある。これやってみるよと声をかけたら全体に聞こえるほどの支店の所帯の小ささもある。新幹線の車内は別として、売店での試みなら、何かやるのに、そのたび企画書を書き、いちいち会議を通さなくてもいい自由さもある。障害になるのは、驚くばかりに細密に定められた法律の規制だけだ。

とはいうものの、時代は確実に変わっている。駅ナカや駅チカなど駅直結の商業設備も拡充。

山形駅でも、改札脇の待合室内にみやげものを扱う売店と駅弁売店があるほか、周辺の商業施設にもショップは充実。駅ビルであるS-PAL（エスパル）の1階は県や地域の名産品売り場になっていて、民衆駅時代のステーションデパートとは規模が違う。そしてNREの売店は、中央改札を抜けたあと、新幹線が入る1・2番線への階段を下ったさらに先の、新幹線改札を抜けた先にある。うかうかしていたら、買いそびれた人のかけこみ売店になってしまう。

車内販売も同様だ。多くの人がペットボトルなどを持参して乗り込む。スーパーやコンビニのほうが、品数が多いし、安く買えるからだ。「旅をする」「列車に乗る」ということが、昔ほど特別なことではなくなったのと同時に、かつてはとっておきのハレの場だった旅先での買い物にも、日常感覚が地続きに滑り込んできている。

――成績のよい山形新幹線も、今、過渡期にあるそうですね。

平成20（2008）年12月20日の112M（つばさ112号）から、山形新幹線に新型車両（E3系2000番代＝次ページ写真参照）が導入されました。車内販売準備室には簡単な流しもあります。それに合わせ、うちも飲食店免許を取ったので、車内で加工した、ありとあらゆるものをお客さまに提供できるようになりました。

今までは「ものを売る」というのが目的だったけれど、これからは「サービス」が主流になってきて、NREでのその第1弾は、山形新幹線だと考えています。

新型になってからは、ワゴンそのものに冷却装置が付いた生ビール用のワゴンも導入していて、ウイスキーでも水割りやハイボールに対応できます。ただし駅弁などと一緒だと難しく、アテンダントひとりじゃできないので、2人体制も始めています。

山形新幹線から、今まで思ってもみなかった新しい車内サービスの形が生まれるとしたら、どんなものになるのだろう。

引退したら、ヤギの乳を搾って、草を眺めて暮らしたい

――支店長になったのは何年ですか？

平成14（2002）年の4月1日からです。それまで仙台営業支店の出先だった山形営業所が、4月1日から支店として独立するとは聞いていて、支店長としては誰も来ないので、おそらく仙台の支店長さんなどが兼任するのだろうと思っていたのですが、10日前になって突然辞令が来たんです。

12月現在、11編成が在籍する。奥羽本線置賜～高畠（撮影：交通新聞サービス）

平成20年12月から営業運転を開始した3代目「つばさ」のE3系2000番代。平成21年

そんなこと突然言われたって、いったいどんなことしたらいいのかわからないし、能力があるわけでもないし、だいいち今までみんなと一緒になって働いていたのに、急に支店長だなんて、お金積まれたってゼッタイ嫌だ、無理だってお断りしたんです。したら、本社の列車営業部長がお電話をくださり、「山川さんなりに、今までどおりにやってくれればいいんだよ」と。「何も心配ない、自分たちがフォローするから」と。そんならとお引き受けしました。

――支店長という立場になってみたらいかがでしたか?

ひと言では言えない(笑)。想像以上にたいへんだったということです。ただし、「私のままでいい」と言ってくださっていたので、もう開き直っちゃって、今までと同じように、みんなと同じようにやることにして、そして今もそうやっています。

――それで毎朝5時に出勤なさるんですね。

も、ありますが、それ以上に、私、何やるのも、ほかの人より時間がかかるんです。だから遅れないようにするには、ほかの人よりいっぱいいろんなことをしなければいけないんだけど、時間、足りる? その分だけ早く来ないと、やっぱりダメなんですよねえ、私は。なんかこの仕事は、やってもやっても、これで終わりということがない。

――見ていると、会社の業務というより、家事に近いですね。

そうそう、そうなんです。

——人より早く出勤するのは、会社に入ったころから?

入ってすぐは違った、と思うけど、そうだ、私は不規則なデスクワークもやっていたから、たぶん、「早く来い」って言われたんですね。仕事がいっぱいあるから。その習慣が今でも続いているんですね。

人の後をついてヒイコラ走るのは辛いけど、最初に走るとみんながそのペースで来るからラクでしょう。そういうところが、私はあるのかもしれません。

——当時、女性の支店長は山川さんひとりで、プレッシャーも多かったと思いますが。

んー、でも、わからないことは何でも聞くようにしてきました。今でもわからないことは、何でも聞く。私がそんなふうにやぼくさいから、みんな面倒みてくれたんでしょうね。しょうがねえなあ、面倒みてやんなきゃって。

——気分転換はどうしていますか?

管理職の仕事で煮詰まると、売店に出ます。ずっとやってきたことだし、体を動かしたり、お客さまと接したりすると、すごく気分転換になります。

家に帰ると、仕事のことは、なっんにも考えないようにしています。会社にいる間は、つねに次のこと、次のこと、次のことって、考えてるでしょ。もとからそういう性格だったというより、知らないうちに自分で訓練したのかもしれない。

私は小心者で、学校に行ってたころも宿題やってないと眠れない。今でも布団に入って「ああ、あのこと解決しなくちゃ」なんて思ってしまうと、もう寝られない。毎日元気に働くために私にとっていちばんたいせつなのは、きちんと眠ることなんです。

——繊細なんですね。

違う違う。小心なくせに横着なんですよ。わかってて宿題やらないんだから（笑）。けれども小心者は、ときどきすごく大胆なことをしてしまうところがあるんです。

それから、何かうまくいかないことがあったとき、親のせいにしたり、会社のスタッフのせいにしたりしないで、みんな自分の責任なんだって思うようにしたんですね。たとえば頼んでおいたことを忘れられてしまっても、それは私の頼み方が悪かったんだって思う。何かの解決にはならないのかもしれないけど、そのほうが精神的に楽ではあります。

——いつごろからそういう考え方なんですか。

つい最近。最近やっと大人になった（笑）。仕事があって生活ができて、今まで来ることができたのは、周りのみんなのおかげであり、と。

――定年を過ぎても残られたのはどうしてですか？

どうしてって……。辞めたら困ると周りに言われたって？　いや、とぉんでもない。そぉんなことはないですよ！

でも「もうお前は要らない」って言われたら、そのときはのんびり暮らしたい。私、職を退いたら、まずは買いたいと思っているものがあるんですよ。えへへ、ロッキングチェア。縁側で日向ぼっこして。あとはそこらへんの草、ぼーっと見たり、ヤギの乳搾ったりして。そんなのいいなって。あははは。

おおぜいの女の子を束ね、次々と新しいアイデアを打ち出し、そばを茹で、野菜を刻み、雑巾がけをして現場で働き続ける女性支店長。強気な女ボスという役どころだけど、実際のイメージは威張ったところのまったくない、一緒にいるとなんだかおもしろくて愉快になる〝おばちゃん〟だ。そして実年齢より、舌を巻くほど若々しい。

また、「私は小心者だ」と言うように、日常の小さなことでは、けっこう悩んだり迷ったりするところも、平気で部下に見せている。弱いところを他人に見せられるというのは、ほんとうに強いということだと思う。

そんな〝強気な小心者〟の山川さんは、たぶん石橋のたたき方まであれこれ考え、悩みに悩んで結論が出せなくなり、えい、渡ってしまえと勢いをつけて走り出す。石橋を前にあれこれ迷う自分がいるから、悩む部下の心に寄り添うことができる。だからこの〝かあちゃん〟のそばにいると、みんななんだか安心でき、楽しいのではないだろうか。

山川さんは、長年所属してきた列車営業部の部長にすら、支店長になるまで正式に面会したことがなく、まして社長など雲の上の存在。顔すら知らなかったそうだ。

「今の時代は、会議だとかインストラクターになったとかで、若い人も偉い人に会う機会があるけど、私たちの時代は、偉い人の顔であっても誰も知らないから、道ですれ違ってもわがんねくて知らん顔してたかも」

山川さんより少し下の世代のスタッフも、

「勤続何十年で初めて本社を見たときには、なあんか、思ってたよりず〜いぶん小さくて古いってのか」と笑う。

「日本食堂」として昭和13（１９３８）年に創業したＮＲＥ。戦中や占領期の混乱、戦後の飛躍的な高度経済成長を日本の鉄道とともに歩んできた会社も、おばちゃんたちの前ではかたなしだ。

けれどそのことが逆に、大きな組織の一員だということをあまり意識しないですむことにつながり、重さにつぶされずに、のびのびとやってくることができた理由かもしれない。

・もったいないと倹約する家事のノリで、自分の家の畑の野菜を使う。

・自分たちの手で職場を毎日きれいに掃除する。

・上司にも、家庭の中のようにのびのびとモノを言うことができる。

・自ら工夫することができ、その成果を、客の反応という形で全員が肌で感じる。

勤務しているというより、働いている。ビジネスというより、生業。一支店でありながら、家族経営の小さな個人商店のようにも見えてくる。一家のようにゆるやかな連帯感をもった現場が今日を生きている。毛細血管まで血が行き渡り、健やかな感じがする。

それにしても、山形営業支店のスタッフは実によく働く。乗務を終えて帰ってきたアテンダントがエプロンに着替え、そばを茹で始める。山川さん世代は、「やることなくてダラダラしていると、ろくなこと考えない」と、隙間があれば何かやっている。次々と自然に体が動いて、ぼんやりと座っているということがない。ほかの営業所のスタッフのなかには、この様子を見て「考えられない」と言う人が多いそうだ。

NRE山形営業支店を見ていると、人が生き生きと働くのは、報酬などの労働条件や、わかりやすい「夢」のためだけではないということが、今さらのようにわかる。自分の居場所がたしかにあり、そしてそこが楽しければ、とくに女は大丈夫。山川さんたちは晴れ晴れと笑う。

「体を動かして働くしか能がないし。それに働くことが楽しいんです」

山形新幹線「つばさ」の大半は、東京～福島間で東北新幹線「Maxやまびこ」と連結して走る。左が「つばさ」の400系、右が「Maxやまびこ」のE4系。東北新幹線郡山～福島（撮影：交通新聞サービス）

平成11年12月の山形新幹線新庄延伸開業とともに営業運転を開始した2代目「つばさ」のE3系1000番代。平成21年12月現在、3編成が在籍する。奥羽本線庭坂～赤岩（撮影：交通新聞サービス）

Ｅ３系2000番代のグリーン車（11号車）。ロールカーテンには山形県の花「べにばな」柄が採用されている（撮影：交通新聞サービス）

Ｅ３系2000番代の普通車。ロールカーテンは山形県の木「さくらんぼ」柄。在来線に直通する山形新幹線用の車両は車体幅が2945ミリ（Ｅ３系）と、Ｅ４系など一般の新幹線車両に比べて435ミリ狭く、普通車のシートも通路を挟んで両側とも２人掛け（撮影：交通新聞サービス）

第3章
昭和の車内販売を語る

車内販売の思い出

現在、NREの車内販売で売られているのは、駅弁、ペットボトル入り飲料、缶ビール、地ワイン、最近では生ビールやハイボールなどのアルコール類、スナック菓子、沿線のおみやげ品といったところ。それではいったい昔はどんなものが売られていたのだろう。

そんな疑問から派生して、どんなユニフォームだったのだろう、仕事の仕方はどうだったのだろうなど、知りたいことが続々湧いてきた。

ところが調べてみると、ほとんど書かれた資料として残っていないようだ。鉄道の歴史はもちろん、食堂車についてならば、かなり詳しい文献が残っているのに、なぜだろう、不思議である。当のNREにさえ、まとまった資料はないそうだ。

困り果てたところに、昔、乗務していた方々が快くお話を聞かせてくださった。

大山美津子さん　昭和36年入社、平成10年退職

私は昭和36（1961）年3月に日本食堂上野営業所に入所しました。通っていた大曲《おおまがり》高校（秋田県大曲市＝現大仙《だいせん》市）に、日本食堂からの募集があったわけではないのですが、どうして知ったのだったかしら……、新聞で募集広告を見たのですね、たぶん。

この会社に就職すれば上京することになります。私は姉とふたり姉妹ですから、親からはそれはものすごく反対されましたよ。私、高校時代はずっとバスケットをやっていて、実業団チームで当時強かった富山紡績からスカウトに来られたりもしていたんです。けれども私は上京したかった。田舎ムスメで終わるのでなく、一度は東京に出て暮らしたいという好奇心があったんですね。それが日本食堂を受けた大きな動機です。

それに内心、これは鉄道の仕事だから、東京に出て住むことができるし、列車に乗って仕事を兼ねて田舎にも戻れるという考えもありました。秋田~東京は、今のように気軽に行ったり来たりできる距離感ではなかったし、電話だってそんなに頻繁にはかけるような時代ではありませんでしたからね。だから、すごく切ないときなどは、おかあさんが大曲駅まで会いに来てくれて、数分だけ顔を見たり。そんなこともありました。

以下、当時の大山さんが載った「読売新聞」の記事を転載する。

おかあさんと駅で対面
車窓にふりまく笑顔

列車や駅の食堂でおなじみのウエートレスさん。水色のワンピースに白のヘア・タイ、白のエプロンの清そな制服がよく似合う。大山さん（秋田県大曲市四ツ屋出身、大曲高卒）は就職して七年目、〇〇さん（宮城県白石市沢端出身、白石女子高卒）は五年目。職場ではもうすっかり〟おねえさん〟株だが、いつでも、どこでもよく笑い、二人のまわりには明るいふんい気がいっぱい。だからお客さんの受けもよく、ついつい注文も倍増というもの。

二人とも上野営業所の所属。大山さんは食堂車の乗務会計係、〇〇さんは上野駅公園口食堂の接客係。大山さんは、上野駅を発着する東北、上信越、北陸などの各線のほか、新宿駅を発着する中央線も受け持っている。東北本線の特急「はくつる」「やまびこ」、奥羽本線の「つばさ」など花形列車に乗り込むと、終着駅で一泊したり、とんぼ帰りの日帰りだったり、その日によって乗務が違う。健康でなければとてもつとまらない。また大ターミナル駅の食堂につとめる〇〇さんも、旅行客のほか東京文化会館など大きな催し場から、はき出される客がつめかけるので、想像以上の重労働。それでも〟いつもニコニコ、笑顔の応対〟というウエートレスのトレードマークを守り続けるには、人知れぬ苦労もあるとか。

職業がら、列車の車掌さんにプロポーズされたり、ちょっとした親切に感激したおばさんから「むすこのヨメに……」といきなり申し込まれて驚くこともしばしば。〟かわいい花形〟にふさわ

食堂車の窓から雪景色を眺める大山美津子さん（大山さん所蔵）

しい話題も多い。しかし「オイ、ねえちゃん」とすごむチンピラや「注文の品がおそい」とブツブツおこる客もいて楽しいことばかりではない。これから秋田の〝かんとう祭〟仙台の〝たなばた祭り〟などなつかしい郷土の祭りが開かれる夏を迎え、一年中で一番忙しい旅行シーズンとなるが、思わぬところで同窓生や近所の人に会ったりするので、どうしても郷里の両親が恋しくなる時期でもある。そんなとき、乗務する列車を実家に連絡して、おとうさんやおかあさんに駅に出て来てもらい、停車時間の二、三分、顔を見るのが楽しみ――と大山さんははにかみながら教えてくれた。

（昭和42年　読売新聞秋田版コラム「一千万人の中で」より）

当時は、上野営業所から所長さんなど数名が、秋田まで試験に来てくださいました。試験は作文と面接試験。当時は採用条件に、容姿端麗、身長155センチ以上、眼鏡不可という項目がありました。私は間違えて入っちゃったんですけどね（笑）。身長・体重はその場で計測するわけではなくて自己申告でしたが、試験官の前を歩いてみせたりしました。それから、ユニフォームでは前髪を上げるから、おでこを見せることもしましたよ。前髪を上げるというのは、衛生のためにヘアネットをしたからなんです。服装に関しては厳しくて、それはもうすごかったですよ。

合格の連絡はお手紙でした。私が東京での就職に本気なのを見て取って、両親はそのときにはとうとう諦めてしまったみたいでしたね。3月1日が高校の卒業式で、10日には入社でした。当時のことは、いわゆる集団就職って言われてますけれど、私は会社の人たちだけで出てきたので、少し特殊な形ですね。上京したら、完成したばかりの荒川区尾久《おぐ》の寮に入りました。

入社したときの番号は「見習い16番」。この数は勤続年数によって変わってゆき、そこの支店でいちばん古手のベテランさんが1番をつけることになります。まず車内販売や食堂車での業務の研修を受けました。車内販売の研修で覚えているのは、ステンレスの小さな手カゴを持っての販売です。当時、特急はすべて指定席でしたが、急行列車には立ち席（自由席）がありまして、帰省客でいっぱいのときはワゴンが押せません。だからカゴで販売したのですが、先輩が見本を示してくれてそれをやるんです。飲料はすべて瓶でしたから、けっこう重かったですよ。

入ったばかりの見習い時代に辛かったのは、ホームシックというより、しごきとかいじめみたいなこと。上の人は経験があるから何でもできるでしょう。だから「そんなこともできないの？」ってすごく辛く当たったり。見習いさんがふたり乗っても、私でなくもうひとりだけに優しくしたり。まあ、女ばかりの世界では、ありがちのことです。下り列車で頑張って、青森に着いたらこらえきれずに泣きながら家に電話したこともあります。最初の半年ぐらいは、人に見えないところでよく泣いたものです。

寮生活に馴染んできたら、どの先輩が怖かったとか、そういう情報交換を同期の仲間同士でするようになりました。そうしたら気持ちの準備ができるようになったというのでしょうか。大丈夫になりました。それにやっぱり相性というのはあるんですね。たとえば食堂車のコックさんで、すごく腕がいいのですが、職人肌でことばがキツい方がいらっしゃって、みんなにすごく怖がられていたのですが、私はそう感じなかったりね。

寮生活は楽しかったな。寮母さんがいらっしゃって、まかないつきでした。私がいたころは、秋田、青森、仙台……、つまり東北出身の人が多かったから、寮ではしぜんと東北弁で話すでしよう。だからみな、訛りが徹底的には抜けないんですよ。そのせいか、この年になっても、「あなた、まだ抜けないねえ」って当時からのお友だちに笑われます。

楽しい寮生活でしたが、考えてみたら、私は2年ぐらいしかいなかったんですよ。いずれお嫁に行くのだから、今のうちにアパート住まいもしてみたいと、1年先輩と一緒に池尻に住みました。当時は玉電（東急玉川線）が走っていて、池尻から大橋の停車場まで歩いて、そこから渋谷に出て通勤していました。

入社した当時に乗務したのは、まだ石炭列車（蒸気機関車が引く列車）でした。鼻の穴はもちろん、窓を開けていなくても、ちょっとした隙間から煙が入ってきて、下着まで薄汚れてしまうんです。白いスリップなんか1日で真っ黒。最初は先輩たちが黒いスリップを着ているのを見て、なんだか変だなと思っていたのですが、すぐに理由がわかりました。東北本線が全線電化されて煙がなくなったのは、特急「はつかり」が電車になった昭和43（1968）年だったと思います。

車内販売でいえば、食堂車がある時代には、そこが車内販売の基地も兼ねていたんです。社員は、見習いさんから始めて、3級、2級、1級となり、次が会計係、そして食堂長へと進みます。車内販売をするのは、基本的に3級、2級ぐらいまででした。ただし細かいことは営業所によって異なるようです。

東京オリンピックのころは、もうあっちこっちから手が出てきて、「お客さま、少々お待ちくださいい、お待ちください」って制止するのが精いっぱいというようなときもありましたよ。それでも四方から手が伸びてきて、自分で商品を取ってしまわれるんです。こうなると「お待ちくださいい、お待ちください」が「ちょっと待ってくださいっ！」に思わずなったりして。あのころは社会全体に活気があって、お客さまみなさんが、いろいろ買ってくださった。様子が変わり、あまり売れなくなってきたのは、いつぐらいからかなあ。平成になってからじゃないでしょうか。

仕事は激務でしたが、今日はどんなお客さまにお会いできるかというのが、いつも楽しみでした。ほとんどは一期一会ですが、なかには常連さんもいらっしゃって、おみやげをもってきてくださったりするんですよ。

そうそう、昔は車内販売の全国コンクールなんかもあったんです。通常の接客だけでなく、「あの山は何ですか」とお客さまがお尋ねになるのにも答えなければならない。幅広いサービスについて採点されるんです。会場に車内の座席などが再現されて、会社の役員がお客さま役になってね。全国から選りすぐりの販売員さんが出場なさいました。あるとき、けっこう先輩格になっていた私も会計係役でお手伝いすることがありました。同郷の秋田出身で上野営業所の子が審査されているときに、彼女ったら私の顔を見たとたん、小さなマイクをつけていることをすっかり忘れて、「これどうすんだっけ?」なんて小さな声で尋ねてきて。もう私、どうしたらいいのかと慌てましたよ。あとで、「みんな聞こえてたよ」って笑われて……、あのときは恥ずかしかった!

思えばほんとうによく働きました。もちろん辛いこともありましたが、仕事をすることが楽しかったんですね。仕事をしてお給料をいただき、自立して暮らして、小さいけれど住まいを手に入れ、まだ女性ドライバーはあまり多くなかったけれど、昭和42(1967)年には運転免許も取りました。買った車は、たしかコロナでした。どんな会社でもそうかもしれませんが、私の周りにもお給料が安いとかブツブツいう方もいらっしゃいました。けど、私には感謝しかありません。

遊びもしましたよ。仕事が旅ですから、地方に行って泊まりがあると、食品を納入してくださる八百屋さんなど地元の方が車を貸してくださったりして、海へ行ったり山へ行ったり。それからなんといってもボウリング。中山律子さんなど女子プロボウラーの人気がすごくあったころです。早朝割引100円なんてボウリング場があったものだから、出社前にボウリングなんてこともしました。当時の日本食堂は全国規模で列車に乗っていましたから、なんでも全国大会。全社をあげてのボウリング全国大会もありました。

退職した今でもボウリングは大好き。当時の仲間たちと千住で毎年ボウリング大会するんです

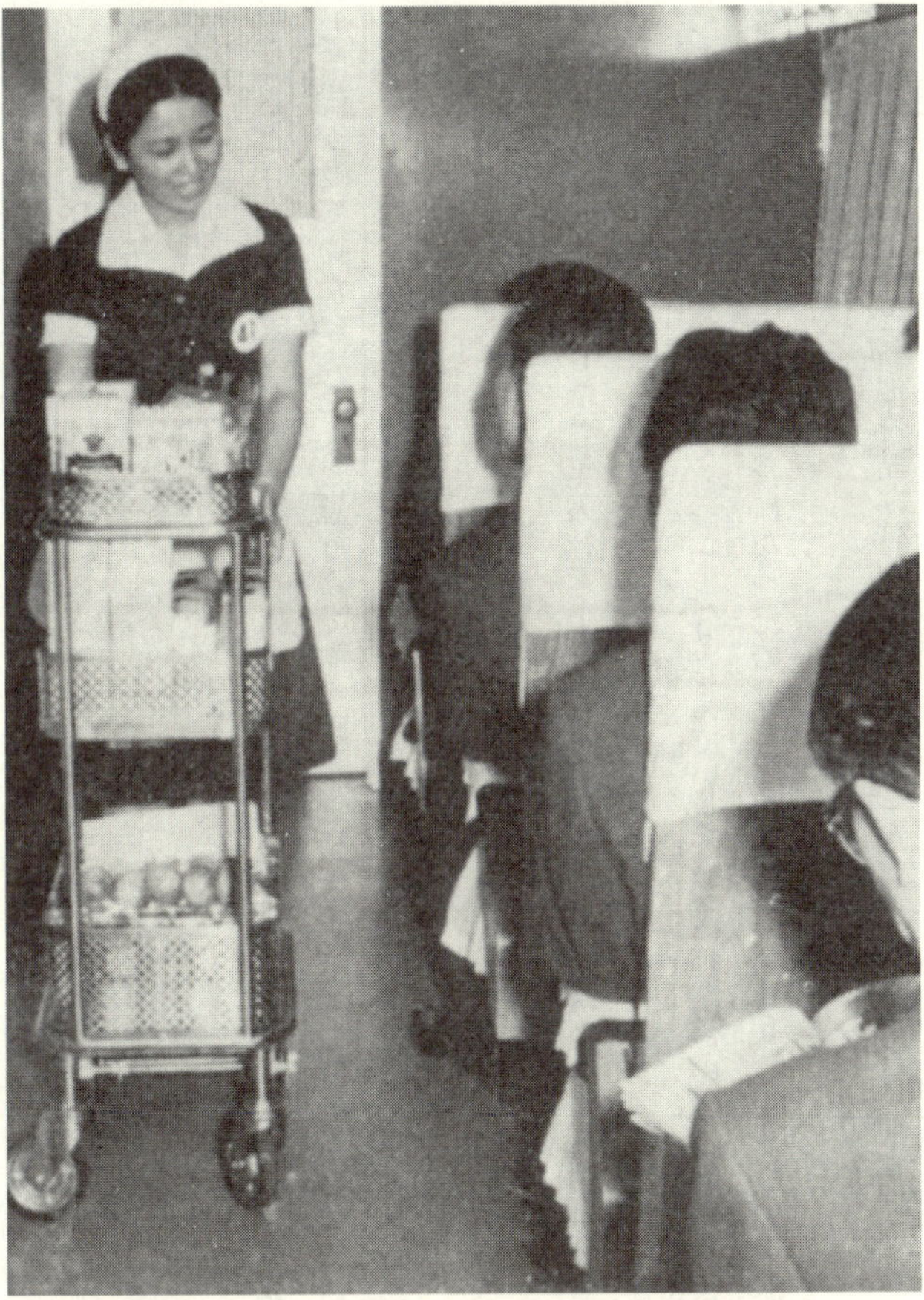

車内販売実習会の様子（社内報「にっしょく」第20号から転載）

よ。千住だから1010《せんじゅう》で、10月10日にね。もう二十数年続けています。

日食時代の仲間とは、いまだにおつきあいしてます。旅行に行ったりね。ご結婚されたら、今度はご夫婦で一緒にいらっしゃったりもしています。学生時代の同窓生ともつきあってますが、日本食堂の仲間のほうがつきあいが強い気がします。

ときどきこうしてふりかえると、ほんとうにいい時代に日本食堂に入り、鉄道の仕事の一員として働かせていただいたなと思うんです。さまざまなイベント列車に乗せていただいたし。そうそう、昭和天皇のお召し列車にも乗せていただく機会がございました。心の財産になっています。

安藤力男さん　昭和42年入社。現・NRE高崎営業支店長

私は昭和42（1967）年入社。上野営業所に配属されました。採用は食堂車も車内販売も一緒でしたよ。最初はみな調理場で、その後、いい男は接客のほうに移されたものですが、私はずっと調理でした（笑）。今でもはっきり覚えています、調理関係の98番です。当時はそうして通し番号がついたんです。食堂長になったのは、昭和60（1985）年3月の東海道新幹線に乗るころです。

初乗務は、上野と新潟を結ぶ特急「とき」でした。そして上野と仙台間の特急「ひばり」、新宿

食堂車を基地に車内販売をしていた頃（大山さん所蔵）

と松本間の急行「アルプス」や特急「あずさ」、信越線の急行「信州」など……。ああ、今、こうして思い起こすと、青森、秋田、盛岡、山形、仙台、会津若松、原ノ町、直江津、長野、松本、金沢、大阪、出雲市、博多、大分、長崎、熊本など、九州ブルートレインを含め、実にいろいろなところへ乗務したものです。平成に入ってからも、特急「スーパーあずさ」「踊り子」「成田エクスプレス」、千葉方面の内房線、外房線、総武線。そして寝台特急「北斗星」「カシオペア」の営業まで、どれも楽しく懐かしく心に浮かんできます。

そうそう、長野営業支店勤務だった8年ほど前、時間をみつけて当時の思い出の地を歩いてみたら、改装はしたものの、あのころ行った焼きとり屋さんが、なんとまだ営業していたので、嬉しくのぞいてみたりしたこともありました。そういえば、昭和57(1982)年6月、特急「はつかり」最後の乗務のときは、青森駅前の「一二三食堂」の優しい女将が、記念にと百円札の新券をくださったこともありました。思い出は尽きません。

車販用の基地は食堂車の隅にありました。食堂車の荷物を置くためのバックヤードみたいなところの一部。そこから販売員が出て行くという具合です。食堂車のスタッフは全部で10名ぐらい。うち車販は2名ぐらいでした。

女性は緑色のワンピース。たしかそんな制服を着ていました。

昔は手カゴで販売をしていたそうですが、私が入ったときはもうワゴンでしたね。戦後、進駐軍が来て食堂車が全廃になったころ、車内販売の重要性が増してカゴが重いというので、ワゴンに変更したというのを、昔、何かの記事で読んだ記憶があります。ワゴンを押して歩く人と、コーヒーのポットを持って歩く人がチームで歩いていました。当時のポットは内側にガラスを張った銀色の魔法瓶。コーヒーマシンでなく、食堂車で手でドリップして淹れたコーヒーでね。

昔は社内旅行なども盛んで、たとえば遠くへ旅行するのは、会社単位が多かったわけです。寝台車は、消灯まではいい宴会場という案配です。ビジネスの旅ではないから、車内に一升瓶が立っていたり。お客さまのお金の使い方と楽しみ方が、今とはずいぶん違いました。販売員はカーテンの通路をコールしながら歩いてました。

どのくらいの売上げだったか、正確には覚えていないのですが、昭和53（1968）年ごろ上野と青森を結ぶ特急「はつかり」という列車では、だいたい100万円が目標で、実質80万ぐらいという記憶があります。車内販売が占めていたのは、その4分の1の20万円ぐらいだったのではないでしょうか。

東京オリンピックから万博のころはクルーはみな忙しく、昼食も車販準備室にもしているバックヤードに行って、立ったまま食べたものです。列車の仕事をしている者は、食事が速いですよ。男性も女性も同じように働くわけですが、とくに夜行などでは女性はたいへんだったと思います。私たちは終わったら寝てしまえばいいけれど、そのあと化粧落としたりいろいろあるでしょう。そして翌朝7時から営業だと、6時にはちゃんと身づくろいして入らなければならないし。

折返しが泊まり勤務になったのは、山形がいちばん多かったでしょうか。寮があってね。何度か場所は変わって、アパートのようなところから、古民家みたいなところもありました。野菜はじめまかない用の食品も会社が積んでくれましたから、出先の寮で私たち調理係がそれを料理しました。化学調味料などは使わず、ブイヨンとってスープも作って本格的でしたよ。まかない調理用の香辛料を自分のかばんに入れて持ち歩いている人もいたぐらい。できた料理をクルーみんなで囲んで食事をしてね。忙しくはあったけれど、やはりそんなのんびりした時代でしたね。

私はずっと調理場にいて、お客さまの前に出るというようなことはなかったのですが、「信州」という急行列車で、たまたま一緒に乗務した男が愉快な男で、ちょっと車内販売に行ってみようぜということになったことがあるんです。私がワゴンを押して、その男が前に立って口上しながら販売したんですよ。それが「お客さまと接する」というこの仕事の楽しさを、はっきりと感じることができた大きなきっかけでした。このころの経験がなければ、食堂長としてやることはできなかったかもしれません。

路線によっては常連さんもいらっしゃいました。常連さんのお顔を見ると、うれしいというより感謝の思いが湧いてきました。乗務員とお客さまの距離感も今とは違っていて、長野駅では「列車に乗って楽しかった」というお客さまに招待されて、5人ほどのクルー全員が駅前の食堂でご馳走になったこともあります。

時代は変わり、世はまさにスピード時代。東京から長野や仙台まで1時間30～40分で到着してしまいます。駅構内の利便性はさらに向上するでしょうから、今までと同じ販売では、お客さまの購買意欲をそそることは至難のわざでしょう。そうなると人々は車内販売に何を期待し、望んでいるのでしょうか。もっともっとお客さまの声や反応に耳を傾け、迅速に対応することがサービス向上の一歩になるのではないかと思います。さらにＩＴ技術を駆使し、必ずしも車両に載せていないものでも、お客さまの望みに従ってお席にお届けするなどの販売サービス。そのように、お客さまのために働く企業イメージやサービスを創り出すことができたらと思います。

接遇サービスにおいても、マニュアルを超えたサービスは、当然、個々がもつサービス感性とでもいうべきものがもっとも重要で、そのためには日ごろの知力・能力を高める努力と指導が必要でしょう。それがサービス力、販売力を高める要因だと思います。

こうしたすべての列車サービスは、お客さまとのコミュニケーションから始まります。お客さま第一・お客さま目線をたいせつにしたサービス指導を、と考えております。

どの時代でも、変わらないのは、「列車に乗って楽しかった」と思っていただくことの価値です。私どもはこれからも「楽しさのお手伝い」、そういうものができるようでなければならないと思うんです。

集団就職列車

大山さん、安藤さんの話は、そのまま働く人の戦後昭和史を聞くようだった。

話題に出てきた「集団就職」とは、農村の中・高卒者が都市へ集団で就職する大規模な動きのこと。主に東北から東京への就職で、1960年代に盛んに行なわれた。時は高度経済成長期。都市部では労働力が恒常的に不足していて、それを地方の団塊の世代が補い続けた。大山さんが就職した3年後の昭和39（1964）年には、当時の労働省が若い彼らを「金の卵」と呼んだ。同年、新規高卒者の求人倍率は5・16倍、中卒者は3・41倍もあったという。

大山さんの話からもわかるように、集団就職とは、集団で職探しに東京へ行くのではなく、求人票が来て地元で試験を受け、決まったあとに集団で上京するものだったようだ。昨日まで中学生・高校生だった子どもたちだから、会社側は、寮や住込み先などの住居を備えており、東京へ着いたその日から食住だけは確保され、とりあえず暮らすのに困らないようになっていた。

集団就職と「集団就職列車」は切り離すことはできない。集団就職列車とは、若者を送り出す県（のちには日本交通公社）が企画し、国鉄との協力で運行した臨時列車で、昭和29（1954）年が最初らしい。途中駅には止まらずに目的地の東京、ほとんどの場合、上野駅に直行した。

集団就職によって、昭和40年代の東京にはおおぜいの若者が住むようになった。東京都が連続して住民登録による世帯と人口の調査を始めるようになった昭和32（1957）年から昭和41（1966）年までの10年間の統計を見ると、15〜29歳の人口は100万人近くも増えていて、住民登録法が施行された昭和27（1952）年の報告と比べると165万人以上の増加。世帯数は155万世帯以上の増加である。

若者たちの多くは、最初、独身寮に暮らして働いていた。それほど裕福ではなかったけれど、働く場所はいくらでもあり、圧倒的に明るい未来があった。やがて彼らは、結婚し、子どもを産み、団地に引っ越し、さらにマンションやマイホームを手に入れる。昭和31（1956）年、経済白書が「もはや戦後ではない」と宣言。三種の神器といわれたテレビ・洗濯機・冷蔵庫の電化製品を買い、マイカーを買い、また買い替える。働いて物を買うという目に見える成果と実感に従って生まれた、シンプルだけど奇跡のような好循環。高度経済成長の一部を支えたのは、たしかに集団就職列車に乗って集まってきた若者たち。労働力というだけでなく、日本の経済にとってもまちがいなく「金の卵」だったのだ。

そういえば平成20（2008）年4月、上野のレストラン「聚楽台《じゅらくだい》」が閉店になるとニュースになった。そのときにはなんとなく聞き流していたのだが、もう一度、新聞記事を読み直してみた。

上野レトロ食堂　50年で幕
集団就職　最初の味

夜行の前の一杯も

東京・JR上野駅前のレストラン「聚楽台」が21日に閉店し、半世紀にわたる歴史をいったん閉じる。入居している「西郷会館」の建て替えが始まるためだ。高度成長期には、集団就職の若者たちが「東京の北の玄関口」に着いて最初に食事をする場所だった。

（中略）

集団就職で上野駅に着いた人たちは、ここで食事をしてから就職先へ向かった。サラリーマンはここで一杯やってから、出張へ向かう夜行特急に飛び乗った。聚楽台を経営する聚楽レストラン営業部の木村文高さん（49）は、「思い出の場所として、いまも年に1度、必ず集まって来てくださるお客様がいる」という。（平成20年4月19日　朝日新聞）

上野「聚楽台」閉店

（前略）

同店は1959年、上野公園の土手沿いの商業ビル「西郷会館」の2階にオープン。さつま揚げや角煮、明太子など九州の名産品を乗せた名物の「西郷丼」が人気を集めた。

高度成長期に集団就職で上京した地方出身者が、旧交を温める場にもなってきた。16歳の時に上京した新潟出身の○○○○さん（60）（千葉県松戸市）は親せきが上京するたびに足を運んだといい、「昔から変わらない雰囲気が好きだった」と感慨深げだった。（平成20年4月22日　読売新聞）

大山美津子さんも中学校の同級会はずっと聚楽台で行なってきたそうで、「寂しくなりますよ」と感慨深げにひと言。車内販売の経緯と集団就職列車があまりにリンクしていたので、思わず長い脱線になってしまった。集団就職列車は昭和50（1975）年に、21年間の役目を終えた。集団就職列車に、車内販売は乗っていたのだろうか。

昭和の車内サービスの悩み

マイカーが今ほど普及していなかった昭和半ばには、盆・暮れの帰省時の列車の混雑はとてつもないことになっていた。そんなとき、車内販売などに従事していた乗務員たちにはどんな苦労があったのだろう。昭和50（1975）年、（社）日本鉄道運転協会発行の『運転協会誌』10月号にこんな座談会記事を発見した。

司会　ようやく夏の輸送が終わり、直接列車に乗務されている皆さんは正直なところ、ほっと一息というきのうきょうかと思いますが、きょうは〝車内サービスあれこれ〟ということで、車内サービスについていろいろ考えてみようという座談会でございます。ところでこの夏の人出の特徴は不景気を反映してか、旅行距離が短かった反面、家族連れ、特に子供連れが非常に目立ったことで200％近くのお客さんがびっしり詰まった車内での皆さん方のお仕事はさぞかし大変だったろうと思いますが、この混雑の中で皆さんが一番困った、弱ったことは何だったんでしょうか。

A　最近、新聞などでも批判されている折りたたみ式のベビーカーがありますが、これにはほとほと困ります。多客期に子供さん連れのお客さんが「指定券はちゃんと持っているんだ」っていうわけで、立席のお客さんが一ぱいの通路にベビーカーをでんと置いたり、ひどい場合には通路で、子供さんが持ち込んだ三輪車に乗り出すんです。（後略）

司会　最近は、底に車のついた大きなトランクがはやっているでしょう。あれも込んでいる通路をふさぐ原因の一つですね。

B　（前略）また若い人は山で、エレキ・バンドをやろうというわけで、ドサ回りの楽団なみにエレキ・ギターやマイク・アンプ、大太鼓、小太鼓と大きな荷物をうんとこさ持ち込むんです。

これが通路や乗降ドアをぴったりふさぐのには弱りますね。

通路を走り回る三輪車、バンド用の楽器。なんだかすさまじい状態だ。ベビーカーの話がこれだけ出るということは、車内の平均年齢はかなり若く、少子化の今から考えればかなりエネルギッシュだ。若い人のあいだで、エレキギターが流行っていたのだなということがわかるが、「山でエレキ・バンドをやろうというわけで」というのには驚く。それにバンドが持ち込んだドラムのことを大太鼓、小太鼓と言っているのもおもしろい。

そんな混雑のなかでの車内販売では、今では考えられないようなとんでもないことが起こっているのかと思いきや……。

C　込んでいる車内では女の子は大変なんです。時には通路に座わり込んだお客さんに、スカートをいたずらされることもありますし、込んでいるときにはお客さまのじゃまにならないようなものを持って歩くようには気を遣ってはいるのですが、あまり込んでいるときには「もう来るな‼」って言われるんです。気の弱い子や新人は泣いて帰ってくることもままあるんです。

現代のアテンダントも、ちょうど客の目線をヒップが移動するので、まったくもってけしからんオジサンたちが軽い気持ちでやってしまう〝セクハラ〟も、少なからずあるという。また、悪気はなくても「ねえちゃん、ちょっとちょっと」とお尻の辺りを叩いて呼び止められることもあるそうだから、悩みは現代のアテンダントと共通する。

そしてまた、悩みだけでなく、サービスへの心構えも、今の茂木さんたちに通じている。

D 私たち、せまく込んだ車内で少しでもお客さまにくつろいでいただこうというわけで、今日は車内が暑いから冷たい飲み物を先に販売しようとか、今は食事時間帯だから、まずお弁当類を持って行こうというような、細かな心配りをしているんです。

また近鉄の特急ではおしぼりタオル・サービスをやっておりまして、皆さんに喜んでいただいておりますが、このおしぼり配布が一番気を遣うんです。なぜかと申しますと、立席のお客さまが多い場合、多少余分には積み込むのですが、皆さんに行き届かない場合があるんです。こんなとき「同じ特急料金を払っているのにどうしたわけなんだ」と、きつい大阪弁でおしかりを受けることが多々あるからなんです。

司会 おしぼりは、どんなに込んでいても、何としてでも配って歩くわけですか。

D　1車64席ぐらいですが、さらに10～20人ぐらい立っていることはシーズンでしたらざらなんです。このぐらいでしたら、時にはお客さまを越えてでも配って歩きますが、今日は絶対無理だと思うような込み具合のときは、車掌さんのご許可をいただいて、「本日は車内が大そう混雑しておりますため、おしぼりサービスはいたしかねます。申しわけございません」というおわびの車内放送をするんです。でも商売気抜きで、できるだけお届けしたいんですけどね。

サービスは結局、人間対人間。客の立場になって商売気抜きで行なうことが、どの時代でも受け入れられ、評価されているということなのだろう。

昭和の車内販売では何を売っていたか

ところで、その当時、日本人は列車の中で何を買い、何を食べていたのだろう。この本は食堂車のことを扱うわけではないので、昭和30年代後半から新幹線が走る前までの東北方面の車内販売に限って、幾人かの話をもとに調べてみた。販売期間が長いものは、古い時期の値段を記憶している方が少なく、残念ながら値段を特定できなかった。以下、乗務時期が古い方からうかがったものから順に並べてみる。

【おつまみ・菓子類】
草加せんべい
品川巻き
さきいか
いかくん
ホタテ貝柱
ホヤの燻製
おおぜいの意見が一致したのは、イカ関係の売行きの件。とくに出稼ぎ列車では、お酒とイカばかりが売れたそうだ。
「のしいかばかりが異様に売れたのを覚えています」
「山形から東京まで8001列車、8002列車といったブルートレインで、イカの姿焼きが2000も3000も売れたんです。ほんとにすごいなと思った」
車内で扱っていたのは、最初、光食品、後に日弘食品のものに変わった。いずれも北海道の乾物会社で、光食品のものは厚みがあって柔らかく、日弘食品は噛めば噛むほど味が出るタイプだそう。乗務員のあいだでも、それぞれのファンがいた。

今もイカ関係はレギュラーだが、クリームチーズと一緒に加工されていたりする進化系。ホタテ貝柱、ホヤの燻製は健在。せんべい系は姿を消してスナック類に姿を変えた。

一般の乗客として当時の列車に乗っていた40代や50代の人のなかには、森永ハイクラウンやチョコフレークなど、チョコレート菓子を買ってもらった記憶がある人が幾人もいた。「明治製菓のアーモンドチョコレート。板チョコに比べて高級感があって、楽しみだったんだよね」。ところが販売をしていた方々からは、なぜか名前が挙がらなかった。

【ソフトドリンク】
ザボンコーラ（瓶）
バヤリースオレンヂ（瓶）
ファンタ（瓶）
マイルドコーヒー（瓶）
ネクター（缶）
つぶつぶグレープ（缶）
ポンジュース（缶）

シャイニーアップルジュース（缶）
こつぶ（缶）
コーヒー
バヤリースは、そういえばたしかに昔は「バャリース」と表記されていた。どう読んだらよいのか頭をひねったものだ。「オレンヂ」の「ヂ」の座りの悪さも思い出す。またバヤリースと似たような細長い瓶に入ったミルクコーヒー飲料も、そういえばあったような。どうにも謎なのが、ザボンコーラである。
こうして見ると、古い時期には瓶入り飲料ばかりだ。思い起こせば20年ぐらい前まで、窓の近くに栓抜きが取り付けられていた列車があった。瓶入り飲料はビールぐらいになっていた時代だったので、いったい誰がどういう状況で使うのかと不思議に思ったものだったが、車内で売っていたというわけだ。
飲料の主流が缶になって、多くの人が印象を強く残しているのが、不二家のネクター。「ピーチとオレンジだったんじゃないかな。今でもネクターを見ると、なんだか当時を思い出します」
コーヒーは今と同様にポットに落として販売した。ただしプッシュ式でなく、持ち上げて注ぐシルバーの魔法瓶。ホテルのテーブルサービスのようで、今考えると、かなりステキだ。値段は

現在と比べると、ワゴンも小型でシンプルだ（昭和50年の日本食堂会社案内から転載）

昭和30年代に70円。以後、途中の記憶が集まらなかったのだが、昭和50年代になって180円。漸次値上がりし、200円、220円、250円、270円、そして現在の300円に至るという。

【アルコール類】
キリンビール（瓶）
サッポロビール（瓶）
アサヒビール（瓶）
日本酒（小瓶）2級酒
ワンカップ

「キリンばかりが売れるので、サッポロを上に置くなどの工夫をして売っていました」

「昭和30～40年代は、基本的にキリン、サッポロ、アサヒの3銘柄。アサヒはスーパードライが出るまではなかなか売れなかった」

「日本酒は小さなお猪口のついた1合瓶。2級酒だったと思います。ワンカップが出てきたのは、東京オリンピックのころからと記憶しています」

【フルーツ】

冷凍みかん

給食にも出た記憶があるが、もともと冬の果物であるミカンを通年販売するために、マルハと鉄道弘済会が共同開発し、昭和30（1955）年に小田原駅の売店で販売を始めたものだそうだから、つまり車内販売用プロパーな商品だ。知らない若い人のためにあえて説明すると、皮ごと冷凍され、表面に氷の膜が張った、そのまんまシャーベット（皮付き）。

【おみやげ】

秋田のもろこし

山形ののし梅

辛子タラコ
ラングドシャ・クッキー
十勝ワイン入りホワイトチョコレート

秋田のもろこし、山形ののし梅は、奥羽本線で販売。田んぼの中に立つ大きな看板を新幹線の窓から見かける仙台の白松がモナカや笹かまぼこ、三陸海岸のかもめの玉子なども売っていて不思議はないような気がするのだが、名前は挙がらなかったところをみると、車内では販売していなかったのだろうか。辛子タラコ、ラングドシャ・クッキー、十勝ワイン入りホワイトチョコレートはいずれも北海道産。「北海道からわざわざ仕入れました」というのが、セールストークだったそう。

【軽食】
カツサンド
スパゲッティ・ナポリタン
ハムサンド

駅弁は、元来、停車中に立売りの売り子さんを呼び、窓を開けて買うものだったので、日本食堂の車内販売では扱っていなかったそうだ。が、窓が開閉できない二重構造になり、停車時間も短くなるとともに、区間を決めて各地の弁当店が乗って売るようになった。

今では駅弁の定義があいまいになっているが、古くは「駅弁」とは、社団法人日本鉄道構内営業中央会加盟業者（中央会）が製造し、駅構内で販売しており、なおかつ米飯が入っている弁当のみを指した。この要件を満たす弁当に付けられたのが、日の丸印が入った「駅弁マーク」の商標。「時刻表」の欄外に設けられた販売駅弁のところに記載されるのが、この中央会の駅弁だ。

日本食堂の車内販売では、駅弁でなく、米飯以外の軽食を販売していた。なかでも、かなりおいしそうなのが、食堂車があった時代に車内で調理したカツサンド。揚げたてのカツにソースをからめ、軽くトーストしたパンに挟んで、サクッと切り分けたもの。「ただいま、できたてのカツサンドを持ってお客さまのお席にうかがいます」と車内放送をすると、飛ぶように売れたそうだ。カツサンドの場合は、カゴやワゴンでなく、トレイにのせてうやうやしく運んだという。当時を知る日食の乗務員のなかにもファンが多く、

「どんな有名店のものと比べても、カツサンドは永遠にあれがいちばんウマいと思う」

思い出して語るときには、われ知らず、うっとりしたまなざしになるほどだ。

スパゲッティ・ナポリタンも同様。車内でカットした野菜やハムをバターで炒めて、ケチャッ

プをからめて作り、使い捨て容器に入れて販売した。
その他のサンドイッチは、駅の営業所で調製した。値段は現在５００円が上限。それ以上になると苦情が来たり、売れなくなったりするそうだ。

そのほか、現在は販売しなくなったものに、新聞がある。奥羽本線の特急では秋田県の地元紙「秋田魁《さきがけ》新報」を扱っていたそうだ。またJR東日本の列車が全席禁煙になった今ではありえないが、食堂車があった時代にはタバコ。初期にはピース、ホープ、新生、いこい、ハイライトなどを、のちにセブンスター、マイルドセブンなどを会計カウンターで販売していたそうだ。

こりゃすごい！　というとんでもないアイテムが飛び出すことを内心期待していたのだが、意外にもオーソドックスなラインナップ。それでも「こつぶ」など今はなき昭和のヒット商品が懐かしかった。思い出されなかったものもかなりあるだろうが、50に及ぶ販売アイテムを扱う現代に比べると、商品のバラエティーはかなり少ない。

食堂車廃止から車販は生まれた

大山さん、安藤さんのお話をうかがうと、日本の車内販売は、当初は食堂車と軌を一にするものだったことがわかる。となると、食堂車の歴史をざっとひもといておかないわけにはいかない。

平成10（1998）年に発行された『日本食堂60年史』（日本食堂社史編纂室）などによれば、日本の食堂車が誕生したのは、明治32（1899）年。明治5（1872）年に新橋～横浜間が開通してから27年後のことで、意外なことに東京発の列車でなく、私鉄の山陽鉄道（現在の山陽本線）が京都～三田尻（現・防府）間の急行列車に食堂付き1等客車を連結した。明治34（1901）年には官営鉄道の東海道線の急行列車2往復にも食堂車が連結され（連結区間は新橋～国府津間・沼津～馬場＝現・膳所《ぜぜ》＝間・京都～神戸間）、食堂の営業を行なったという。上野にあるフランス料理で有名なホテル精養軒が運営に当たっていた。2年後の明治36年には上野～青森間に初の急行が走り、東北初の西洋風ホテルだった仙台ホテルが運営する食堂車が連結された。

こうして年を重ねるにつれて食堂車に関わる会社は数を増していったが、各社の競争は激しく、互いに無駄も多かったようだ。そこでスタッフの体制や、サービスの内容、制服などを一本化しようという動きが出て、昭和13（1938）年に、当時の6社（みかど、精養軒、東松軒、東洋軒、共進亭、伯養軒）と鉄道省関係者からなる「食堂車業務改善協議会」が発足。6社が合同し、日本食堂株式会社が誕生した。

ところが昭和13年といえば「国家総動員法」が施行され、戦争の足音が刻一刻と近づいていた年。昭和16（1941）年には「生活必需物資統制令」「金属類回収令」「物資統制令」が敷かれ、12月にはついに太平洋戦争に突入。すべての物資が国の統制におかれた。当然、食堂車の運営は大打撃。食材はもちろん、燃料、食器、リネン類まで不足した。ヤシ油や鯨油を用い、クジラ、イルカ、トドの肉まで使い、タマネギで巻いたメリケン粉焼きや海草を原料にした麺など、ありとあらゆる工夫を凝らして対応したが、昭和19（1944）年4月1日、ついに食堂車の営業は中止になった。

営業できなくなった食堂車の代わりに登場したのが、車内販売である。

日本食堂株式会社の社内報『にっしょく』の昭和43（1968）年10月15日発行、創立30周年記念特集号に、「創立三十周年をむかえて」と題した座談会記録が掲載されている。出席者は、当時の社長、重役、青森から北九州に至るまで全国の主要な支所や分室の代表者16名。なかに車内販売の始まりについて語られた一説がある。困窮のなか、いかに自然発生的に始まったかがわかっておもしろいので、以下、抜粋させていただく。

食堂車営業と車販の将来

A　車内販売というものは、どこから始まっているのか、分析して正確に教えてもらいたいんだが。僕の記憶じゃ、昔、食堂車では、車販はなかったはずだな。ということは、それでソロバンが立っていたということだな。

今日、車販というものがなければ食堂車営業が成り立たないということが常識になっちゃったんですが、それは、どこに発足があり、どこに原因ができたかということを知りたいんだが……。

B　食堂車の営業を中止されてから、車内販売のためにスハシ（注1）に、食堂車を改造して、始まったと思いますが……。

C　「鉄道パン」（注2）を売り出して、その時から、車内で何かを売ろうということで……。

A　逆にいうと、中央会（注3）の関係でも、弁当が、米の〝めし“に困り材料に困って、ああいう雑貨を車内に売るという「車内販売」というものを、戦争中だか、後だか知らないが始めたんだな。

D　私が最初の召集から帰った（一五・三）あと、所用で満州に行く途中、朝鮮と満州の鉄道で車内販売を見まして、「ハハァ、こっちには車内販売というのがあるんだな」と思ったんです。その後、私は九州でしたが、神戸の列車などで車内販売が始められたとき、あちらの真似をしたのかなと、想像していたものです。

E　車販の元祖は、やっぱり日食じゃないでしょうか。
A　僕も、そうだろうと思う。
E　食堂車がはずされても、「スハシ」に改造したもので、九州から東京まで、門司あたりは、列車内の販売をやっていたんですから……。
　弁当屋の乗り込みは、むしろ二重窓になるとか、いわゆる近代化に伴うことじゃないでしょうか。
A　いや、そうじゃないんだ。その前から、神戸の「淡路屋」なんか、当然のような顔してやってますね。弁当販売でなくて、雑貨販売をね。あれはやっぱり、日食が車内で売り出したのと同じように、日食の真似をしたかどうか知らないが……。
B　あれは「淡路屋」の方が後からです。
A　だから、日食が「鉄道パン」や何かを売り出したから、「わしの方も同じだから乗せてくれ」といったんじゃないか、と僕は思う。だから、この雑貨車販というものは、一番早く先ベンをつけたのは日食じゃないか。弁当屋さんが、汽車の中で区間をきめて乗るということは、昔もやってました。こと弁当に関しては……。しかし、雑貨は、そういうことはなかったね。
B　車販のことは今、京都のステーションデパートの社長（京都駅長でやめた）、あの人が大阪管理部の業務部長のとき、パン弁当が、粉の配給がなくなり、売れなくなったので、海宝麺（注4）

のいわゆる料理弁当を売ったんですが、パンが付いてないと魅力がなくて、売れないいんですね。そこで、当時の所長に「汽車の中で売ったら、引揚者が多いから、喜ぶんじゃなかろうか」と進言したんです。このことを所長から野村さんにお話ししたら、「お客さんが喜ぶんだったら、やれやれ」ということで、口頭で、結局、試売ということになったんです。ところが、あまり成績はよくなかったので、ほかに何かということで、「羊かん」やカルピス（どちらも本当のものではないが）などを売ったんです。そういうのが、雑貨車販の発足だと思うんです。

F　それはローカルじゃないの？

B　ローカルです。

F　公式に、雑貨の販売を、国鉄から許されたという記録はないかな。主食は「パン弁当」でも「海宝麺」でもあるようだけど……。

B　結局、既得権を認めざるを得んという格好になったんでしょうね。

A　食堂車とかね合って、ズルズルとなったようだが、今日、食堂車プロパーでは（ビュッフェになってなお更だが）採算がとりにくいというのが常識になっているんだが、それは、食堂車の販売品の価格と、世間の食べ物の価格との開きが、昔に比べて、今がなさ過ぎるということが原因なのかどうかということ。食堂車だけでもうかるなら、何も無理なことをする必要はないんだな。その方が楽で、利益が割合に出るということは別にして……。
F　たしかに、今の食堂車の売価は、昔ほどの比率になっていませんね。
A　そういうところが第一原因じゃないかと思うが……。
F　それに食品の値上りが昔より大きい。材料が割合にかかっているということ、それと人件費、人件費の率がまるで違いますからね。昔は、営業費のうちの二〇パーセント位じゃなかったかね。今は六〇パーセント以上かな。とにかく、いろんなものが重なっていますね。
A　結局、アンバランスになっているんだね。
G　乗務員が、月給五円位だった。それにチップが入るからなんてことで、結構……。
F　非乗務員だって五円だった。
B　結局は人件費の比率と割高ですね。
H　今、車販三人で十万あげるところ、食堂は六人で十万、売上げは同じですものね。車販は利益が多くないけど、人件費が少ない、物件費もかからない。
A　そういうことは、もうかりゃやるということであって、そうでなく、食堂車があって、しかも、車内販売をやらにゃならんというのは、どういうわけだということ、裏返せば、食堂車が、それだけもうけが出なくなった。出なくなったのは、列車が多くなってから、もうからない列車がふえたともいえるけれども、そうでない時代から始めている。"平和号"（注5）とか何とか、名前を変えたが、ああいうものができたときから、やっぱり、車販というものが付きながら承認をもらっている。そこへ行くところが何故か、というんだ。

E　やはり、食堂車全廃からのブランクを埋めたのがキッカケで……。

A　それで、パンなどから変化して、だんだん、いろいろ売ってもいいと、ズルズル来たのか。逆にいうと、本職の方は、あんまり熱心にやらんということになる（笑）。

E　食堂がもうからないから車販を始めたんじゃないような気がしますね。

A　車販を始めた時はそうじゃないでしょう。けど今、それになっちゃった。殊にビュッフェなんか、車販をやらなきゃ、もう全然やれないな。

H　車販が割に率がいいから。

A　そういう意味だったら、いつやめられても文句をいうわけにいかんぞ。それをしなければならんことになってること、でなければいけない。それは今、「食堂車プロパーでは、とにかく、もうけになっておりませんから、それをカバーすることに、今までもやっておりますから、やらして下さい」で来てるんだからね。要するに、「コストだけの売価が出ない」ということだろうと思うんだ。僕が代わりにいえばな。

それをやっぱり、ロジック立てなけりゃいかんな。何か、これはこうなっている、これはこうだ、これはこうなっているからいかん、と。それをしないで、無理やりに、車販とか何とかやってることは、計画性としてはいいかも知らんけど、どこかで、また行き詰るぞ。

F　当時の、食堂営業の材料費、営業費の分析ですな。

A　そうそう。これは昔と比べてやらないといけない。それがないと、将来の立て方に困るですよね。未だに、やっぱり、その問題は、ずうっと尾を引いているんですよ。とにかく、もとがしっかりしていないと、変ってるとか変ってないとかの説明もつかないからね。

注1スハシ　車両の半分を食堂車にした3等座席食堂合造車。
注2鉄道パン　代用食。詳細は後述。
注3中央会　社団法人日本鉄道構内営業中央会加盟業者。詳細は後述。
注4海宝麺　海草にデンプンを混ぜた代用麺。
注5平和号　戦後初の特急列車。詳細は後述。

なんと、「鉄道パン」なるものが、車内販売の元祖らしい。でも、鉄道パンっていったい何なのだ？　同座談会にそれに関しても詳しい記事が載っていたので、以下、引き続き抜粋させていただく。

A　「鉄道パン」というもののアイデアはどこから出たんですか。

F　結局、”めし“が切符制になったし、営業用には食えなかったですから。

A　それで「五目弁当」ができたんでしょ。食堂車の連結が中止となって、その代わりに「五目弁当」の販売が開始されたんですね。

F　「五目弁当」といっても中味はね……。

A　もちろん、そうでしょ。「もく」は何だか知らないが……。

G　みかんの皮、海草、魚粉……。とても椎茸があったりなんてもんじゃない（笑）。

I　昆布の切ったのや……。

G　昆布はいいけど「あらめ」のような海草、「ひじき」……。

A　そんなのは食える方だな、木の葉ッパみたいなものはなかったですか。

J　芋づる、桑の葉、くし柿の皮など、製パンの始まった前後から……。

A　それは、五目じゃなくパンの方だね。

I　五目は、ほんの僅かの間でしたね。

昭和60年3月、東京駅の新幹線ホームで再現された鉄道パンの販売（「日本食堂60年史」から転載）

H　「鉄道パン」は、黒かったがおいしかったですね。
I　あれは喜ばれたね。
K　鹿児島に助勤に行って、あの「鉄道パン」をやるので、文旦飴会社の釜を借りて「ひじき」だとか「切干大根」などを入れて作りました。
L　青森で、塩がなくなり、軍の漬物の大根の切干を受けてきて、塩出しし、その塩をパンに入れて塩つけしましたね。
E　十九年五月六日に、「全国鉄道旅客食糧統制組合」設立とありますが、これが現在の「中央会」ですね。
B　そうです。まとまったら配給物資が多くもらえるだろうということでね。しかし、全然、役に立たなかったですな。

ひじき、切干し大根から芋づる、桑の葉、くし柿の皮まで入ってた鉄道パン。柿の皮なんて具を知ると思わず引くけれど、繊維質豊富でかなりヘルシー。栄養素も豊富そうだし、おまけに「おいしかった」などという証言を聞くと、ちょっと食べてみたい気もする。

配給物資を少しでも入手するために設立した「全国鉄道旅客食糧統制組合」が、現在も駅弁を

「米飯」という側面からある意味統括する「中央会」（社団法人日本鉄道構内営業中央会加盟業者）になっているというのも興味深い。

「五目めし」「鉄道パン」に関しては、社内報『にっしょく』の昭和41（1966）年10月号で「戦時の旅行食　鉄道パンの売出し」と題したこんな記事も見つけた。当時の苦闘ぶりが伝わってくるので、これも一部引用させていただく。

山菜や乾燥野菜入の五目弁当が東京・上野・稚内・長崎の駅のホームと、小樽・函館・仙台・松本・両国・新橋・大阪・岡山・広島・下関・熊本の各駅の食堂で、売出されたのは十九年の四月であった。

五目飯が四目飯になったり、果ては三目飯に成り下ったばかりでなく、メシが減って、モクが増えて行くのには、どうも処置なかった。

（中略）

案じるより生むが易しで、馴染みの深い汽車弁が麺麭に代っても、御維新にチョン髷を切られた程の騒ぎもなく、漸時売上も増し、やがて街の雑炊食堂に、行列が出来る頃ともなれば、所謂旱天に慈雨となって、製造に追われた。

大阪の駅食堂の前に、狩り集めたルンペンを行列させて、一人一個に制限の鉄道パンを買占め、之を数倍の闇値で売り飛ばす親分衆が現われ、取締りに当局をてこずらせた。

（中略）

現在幾百の部下を包擁する、営業所長の要職に在る、幹部諸君が、其の頃製麵麭所で、パンツ一つの丸裸で、汗と粉に塗《まみ》れて、舟（ミキサー）を漕いだり、ドウ（生パン）を捏ねたり、払下げの燃料の古枕木を、炎天下の往還で割って居た姿を二重写しにして、憶い浮べると、今でも目頭が熱くなる。

鉄道パンはかり集めたサクラを使ってまとめ買いされるほどで、作れば飛ぶように売れて、販売にはまるで困らなかったようだが、原料の調達にはかなり苦労したようだ。燃料が古枕木というのも、グッとくる。

「鉄道パン」が受けた戦時中はまだよかったほどで、終戦後の社会の混乱は想像を超えるものだったらしい。日本食堂は、今までとはまったく異なる進駐軍の専用列車の食堂の取扱いを行なったり、食料不足の状況を打開するために直営農場での野菜作りを試みたり、小田原に製塩所を設けたりしながら、なんとか困窮を凌いでいたようだ。

終戦の3年後の昭和23（1948）年には「日本国有鉄道法」が公布され、焼け野原の日本も経済復興の兆しが見え始める。翌24年9月15日には、戦時中の昭和19年4月以来中止されていた特急列車が「へいわ」の名称で運行再開（翌年1月「つばめ」に改称）。同時に食堂車も復活し、あわせて「列車内立売り販売」も開始。つまり「鉄道パン」ではなく、本格的な「車内販売」サービスが開始されたということだ。社史によれば売られていたのは、弁当、湯茶、飲料、菓子、果物、氷菓、食品、タバコ、新聞。

ほんの数年前まで「鉄道パン」だったのに、意外なほど豊富なラインナップである。すごいぞ、日本人。そしてこのあと昭和39（1964）年の東京オリンピック、昭和45（1970）年の大阪万国博覧会、お話を聞かせてくださった安藤さん、大山さんの時代につながってゆく。

車販のワゴンが載せてきたもの

日本食堂創立30周年の重役座談会で提議された、「車販の将来」への戦略立案が、その後、どうなったかを知ることはできないが、一乗客として見るところ、そういったスキームのようなものではなく、変わってゆく時代時代に応じ、そのときどきに手直しして続いてきたのではないのかなあと思えてしまう。

「鉄道の中での営業を許可してもらう」というしばりが、どの時代にもあった。もちろん、鉄道会社の第一のそして最大の使命は、安全かつ正確な運行だから、物販は二次的というのはごく当然のことだけれど、列車での移動時間を価値あるものにしてゆくことを考えると、なんだかすごくもったいない気もするのだ。こんな魅力的なサービスがあるんだったら、飛行機じゃなく、ETC割引が効くクルマでもなく、それを理由の一つとして鉄道を選ぶことだってあるのではないかと思うからだ。

車内販売の現場が、変化に対応できてしまう——というのも、いいところでもあり、「ズルズルとなったようだが」の原因でもあるようにみえる。場当たり的、言い換えれば臨機応変。逆に言えば、そうでなければ、これほどまでに柔軟に対応することはできなかったのだろうが。

変化を吸収し、順応してきたのは、車販が始まった戦後の混乱期から、いつも最先端で仕事をこなしてきた人々だったのではないか。昭和から平成へ、20世紀から21世紀へ、目まぐるしく移り変わり、進化をとげてきた「鉄道」。車内販売は、ワゴンひとつカゴひとつで、その大きな枠組みがとりこぼす隙間を、埋めるように存在してきたのだ。

話を聞かせてくださった多くの方々は、変化する鉄道シーンに応じて、不本意な異動やあるいはやむをえぬ退職などを経験してきたのに、「いちばん辛かったこと」に不思議とそれは挙がってこなかった。東北方面に乗務してきた方々のお話が多かったせいもあるが、辛かったことは「寒さ」だ。かつての冬の急行や特急は、暑すぎるぐらい暖房が効いていたのにどうしてですか？と尋ねたら、「それは客席の話で、私たちは連結器のところに待機していたから」。当時、乗っていてそのことにまったく気がついていなかった。

楽しかったこと、充実感を感じたことのトップは、それぞれに表現は異なっていたが、「乗客との心のふれあいを感じながら販売することができたとき」。車内販売員の喜びは、単にモノが売れるということではなかったのだ。

乗客の側からすると、どうだろう。食べるものがなく、お腹が空いてならなかった時代に、苦肉の策として生まれた「鉄道パン」。列車に乗らない人までが行列し、争って買い求めたそうだ。

戦後の高度経済成長からは、列車での楽しみは「駅弁」を開くことに変わった。「駅弁」は空腹を満たすための食事というより、動いている列車のなかで食べるというところが大事で、その証拠に、見ているとほとんどの人が少しでも列車が動き出してから、おもむろに弁当の掛紙を開き始める。もちろん口に運んだものがおいしければ、さらに言うことはないわけで、そこが次第に注目されて、プレミア駅弁作りに、拍車がかかる。受ける→飽きられる→開発する→受ける→飽きられる→開発する。弁当箱の隅を突つきながら、価値の隙間を埋めてゆく、終わりのない厳しい戦いだ。

お腹の隙間から価値の隙間へ。たぶん車内販売は、鉄道という空間やシステムの隙間を埋めるだけでなく、そこに乗っている私たち乗客の「隙間」を埋めてくれてきたのだ。

景気だけでなく、日本という国の行き先そのものにすら自信がもてなくなっている現代だけれど、幸いなことに、今、私たちは飢えてはいない。しかも高度経済成長期、バブルを経たいま、たいていの世界中のおいしいものを食べ尽くしてしまっている。なんでもかんでも放埒《ほうらつ》にものを買ってしまう時代は過ぎたこともあって、だから、それほど欲しくないものにサイフを開くなんてことはしない。

それなのに茂木久美子さんたち優秀なアテンダントから、私たちがどういうわけか買ってしまうのはなぜだろう。

似ているのは、ディズニーリゾートのおみやげである。魔法にかかったようにとにかくウキウキして、予定外のものまで買ってしまうことがある。そのとき、たぶん人は、モノを買うというよりは、楽しさを買っているのだ。

客室のドアが開き、よく通る、それでいて車内の空気を邪魔しない心地よい声が、快活な気配と一緒にやってくる。ワゴンは「いったいぜんたい、何がそんなになるまで積んであるんだろう?」と覗き込みたくなるほど賑やかに満艦飾だ。目が合うと、彼女らの瞳は明るく開かれていて、こちらに興味をもってくれていることが自然に伝わってくる。それぞれの目的で乗っている者同士の時間軸が、ワゴンをきっかけに一瞬、感情を伴って交差する。その軽やかな楽しさ。あとあとまで残るほのかな朗らかな心の弾み。創立30周年の座談会で探していた「それ（車内販売）をしなければならんことになっている」理由や根拠は、それから40年以上たった今、毎日、列車に乗っている彼女たちは、しっかり見つけ出していた。もしかしたら、車内販売が始まったときから携わってきた、数えきれないほどの現場の人々は、最初からちゃあんと知っていたのかもしれない。

技術がどんなに進もうとも、列車のなかの時間を支えているのは人なのだ。

今日も笑顔とともに彼女たちはやってくる。そして私たちは、ワゴンを覗き込む。「隙間」を埋める何かが載っていそうな予感を感じながら。

おわりに

ある晴れた秋の日、偶然、茂木さんの乗務する下りの「つばさ」に乗り合わせた。

「わあ、久しぶり。元気だったあ？」

とにこやかに言いながら私が注文したコーヒーを注ぎ、ふと思い立ったようなまなざしになって、

「知ってる〜？　大宮の近くでね、ビルの屋上で毎日ピアノ弾いている人がいるの」

えっ、そうなの？　どっちどっち？　と尋ねたら、

「ええとぉ、右側。気をつけて見といてくださいね！」

大宮駅前後、私が窓に顔をくっつけていたことは、言うまでもない。

が、ザンネン！　発見できなかった。

一周回って、また巡ってきた彼女に、見つけられなかったよお、と伝えると、

「おっかしいなあ。今日もいたけど。次に乗るときはきっと見つかると思う」

山形新幹線から見る富士山、大宮の謎のピアニスト……。

茂木さんは、山形新幹線の車内時間を小さくワクワクさせてくれる種を、またひとつ撒いてくれた。

マドンナは、ワゴンを押して今日も行く。
心に届くホスピタリティを、いっぱいのせて。

松尾裕美

「つばさ」関連年表

年	月日	項目
昭和36年	10月 1日	上野～秋田間にディーゼル特急「つばさ」運転開始(奥羽本線初の特急)。キハ80系気動車6両（キシ80形食堂車連結）
昭和38年	4月	特急「つばさ」7両編成化
昭和39年	10月 1日	上野～山形間にディーゼル特急「やまばと」運転開始。キハ80系気動車7両（キシ80形食堂車連結）
昭和40年	10月 1日	上野～山形間の特急「やまばと」を秋田行きの「つばさ」に変更。特急「つばさ」2往復に
		上野～山形・会津若松間のディーゼル特急「やまばと」運転開始。キハ80系気動車6両（食堂車なし）
昭和43年	9月23日	米沢～山形間交流電化完成。従来から直流電化されていた福島－米沢間は交流に切替え
	10月 1日	特急「やまばと」電車化（奥羽本線初の電車特急)、2往復に増発。会津若松行きは「あいづ」となり分離運転。483系電車9両（サシ481形食堂車連結）
昭和45年	2月	特急「つばさ」に新型車両のキハ181系を投入。キハ181系気動車10両（キサシ180形食堂車連結）
	7月 1日	上野～秋田間に奥羽本線経由の臨時特急「あけぼの」運転開始（奥羽本線初の寝台特急、10月1日から定期化)。20系客車13両（ナシ20形食堂車連結）
	10月 1日	特急「やまばと」12両編成化。485系電車12両（サシ481形食堂車連結）
昭和46年	7月	特急「つばさ」12両編成化
	8月25日	奥羽本線秋田～青森間交流電化完成
昭和47年	3月15日	特急「やまばと」1往復増発（2⇒3往復）

年	月日	項目
昭和48年	10月 1日	上野～秋田間に寝台特急「あけぼの」1往復増発
昭和50年	3月10日	特急「あけぼの」の食堂車廃止。20系客車13両（食堂車連結なし）
	10月13日	奥羽本線羽前千歳～秋田間交流電化完成（奥羽本線全線電化）
	11月25日	特急「つばさ」2往復電車化。485系電車12両（サシ481形食堂車連結）
昭和53年	10月 2日	特急「つばさ」1往復増発（2⇒3往復）
		特急「つばさ」に自由席連結
昭和55年	10月 1日	寝台特急「あけぼの」24系客車に置換え。24系客車13両（食堂車連結なし）
昭和57年	6月23日	東北新幹線大宮～盛岡間開業
	11月15日	特急「つばさ」上野～秋田間下り1本・上り2本、福島～秋田間3往復、山形～秋田間下り1本に。485系電車9両（食堂車連結なし）。奥羽本線（秋田以南）の食堂車全廃
		特急「やまばと」上野～山形間下り2本・上り1本に。485系電車9両（食堂車連結なし）
		寝台特急「あけぼの」1往復増発（2往復⇒3往復）
昭和60年	3月14日	東北新幹線上野～大宮間開業
		特急「つばさ」9往復に増発（福島～山形・秋田間など8往復、上野～秋田間1往復）。485系電車6または9両（食堂車連結なし）
		特急「やまばと」廃止
昭和61年	11月 1日	特急「つばさ」9往復から11往復に増発
昭和62年	4月 1日	国鉄分割・民営化
昭和63年	3月13日	寝台特急「あけぼの」1往復廃止

「つばさ」関連年表

年	月日	項目
平成2年	9月 1日	山形新幹線の工事のため、特急「つばさ」福島～山形間本数削減（11⇒7往復）
		特急「あけぼの」1往復は陸羽東線経由に変更、1往復は羽越本線経由に変更し「鳥海」と改称
平成3年	6月20日	東北新幹線東京～上野間開業
	8月27日	特急「つばさ」仙台発着・仙山線経由で運転
	11月 5日	福島～山形間単線のみ新幹線と同じ標準軌への改軌完成
平成4年	7月 1日	山形新幹線開業。東京・上野～山形間に「つばさ」14往復運転開始。400系電車6両編成
		山形～新庄・横手・秋田間に電車特急「こまくさ」9往復運転開始(従来の「つばさ」は廃止)。485系電車4～5両編成（食堂車連結なし）
平成6年	12月 3日	山形新幹線「つばさ」1往復増発
平成7年	12月 1日	山形新幹線「つばさ」を7両編成化
平成9年	3月22日	秋田新幹線開業
		寝台特急「あけぼの」廃止、寝台特急「鳥海」を「あけぼの」と改称
平成11年	3月	新幹線工事で天童～新庄間バス代行輸送開始。特急「こまくさ」廃止（快速列車化）
	12月 4日	山形新幹線山形～新庄間開業
		山形新幹線「つばさ」にE3系1000番代投入
平成19年	3月18日	山形新幹線「つばさ」全面禁煙
平成20年	12月20日	山形新幹線「つばさ」にE3系モデルチェンジ車2000番代投入

主な参考文献

『運転協会誌　昭和50年10月号』(日本鉄道運転協会　1975)
『思想の科学No－50』（思想の科学社　1975）
『週刊ダイヤモンド　2009年10月号』（ダイヤモンド社　2009）
『“集団就職の時代”高度成長のにない手たちAOKI LIBRARY　日本の歴史』（加瀬和俊　青木書店　1997）
『住民登録による東京都の世帯と人口』（東京都総務局統計部　1966）
『商業界　2008年1月号』(株式会社商業界　2007)
『昭和の車掌奮闘記　列車の中の昭和ニッポン史』(坂本衛　交通新聞社　2009)
『食堂車の明治・大正・昭和』(かわぐち つとむ　グランプリ出版　2002)
『東京都の人口に関する統計資料』（東京都総務局統計部　1955）
『東京都の世帯と人口』（東京都総務局統計部　1957）
『日経トレンディ　2006年12月号』(日経ホーム出版社　2006)
『日本食堂30年史』（日本食堂　1968）
『日本食堂60年史』（日本食堂　1998）
『日本人は何のために働くのか』（久保博司　ウェッジ　2007）
『PRESIDENT　2009年11月30日号』（プレジデント社　2009）
『ローカル線ガールズ』（嶋田郁美　メディアファクトリー　2008）

晴れの日も雪の日も、込んだ日も空いた日も、いつも必ず笑顔でいてくれる

松尾　裕美［まつおひろみ］
東京生まれ。ライター。『カラダの中からキレイになる宿』（共著・JTBパブリッシング）、『山あるきはじめの一歩〈5〉山の天気』（共著・山と渓谷社）、『ボルネオ・ネイチャーブック』（共著・山と渓谷社）、『学校からはじめるみんなの自然たんけん』（共著・文研出版）ほか。『ボルネオ　世界遺産を歩く』でサバ・ツーリズム・アワード海外記事受賞。

交通新聞社新書012
「つばさ」アテンダント驚きの車販テク
3秒で売る山形新幹線の女子力
（定価はカバーに表示してあります）

2010年2月15日　第1刷発行

著　者——松尾裕美
発行者——山根昌也
発行所——株式会社　交通新聞社
http://www.kotsu.co.jp/
〒102-0083　東京都千代田区麹町6-6
電話　東京（03）5216-3220（編集部）
東京（03）5216-3217（販売部）

印刷・製本—大日本印刷株式会社

ISBN978-4-330-12210-6

交通新聞社新書　好評既刊

元国鉄専務車掌で現役小学校教師の100講。

可愛い子には鉄道の旅を

6歳からのおとな講座

村山 茂／著

ISBN978-4-330-07209-8

鉄道は単なる移動手段であったり、マニア的興味の対象ばかりでなく、子どもたちの成長に多大な効果をもたらす「教材」でもある。鉄道の旅の楽しさの中での社会体験教育を説く。

かつて北海道に存在した「幻の鉄道」を自転車で踏破！

幻の北海道殖民軌道を訪ねる

還暦サラリーマン北の大地でペダルを漕ぐ

田沼建治／著

ISBN978-4-330-07309-5

その昔、北海道開拓のために敷設され、昭和47年に完全に姿を消した特殊な交通機関の痕跡を、わずかな手がかりをもとに自転車でたどった驚きと新発見のスーパー廃線紀行。

古今東西32人の映画監督が使った駅の姿とは。

シネマの名匠と旅する「駅」

映画の中の駅と鉄道を見る

臼井幸彦／著

ISBN978-4-330-07409-2

駅のそもそもの機能と同時に存在する、日々刻々そこに集まり、通り過ぎる人々の人生の場所、また、日常と非日常とが様々に交錯する舞台装置としての場所を、映画の名作から読み取る。

懐かしきそれぞれの時代を記憶の中に永久保存。

ニッポン鉄道遺産

列車に栓抜きがあった頃

斉木実・米屋浩二／著

ISBN978-4-330-07509-9

明治以来国家の近代化とともに発展してきたわが国の鉄道。今、われわれの記憶の中からも消えようとしているかつての施設、設備、車両などを、「鉄道遺産」として一冊に保存。